闽西职业技术学院 国家骨干高职院校项目建设成果
MINXI VOCATIONAL & TECHNICAL COLLEGE ——园林技术专业

园林设计初步

郭 舜 宋连弟 夏建红 ◎编著

厦门大学出版社 国家一级出版社
XIAMEN UNIVERSITY PRESS 全国百佳图书出版单位

图书在版编目(CIP)数据

园林设计初步/郭舜,宋连弟,夏建红编著. —厦门:厦门大学出版社,2016.1
(闽西职业技术学院国家骨干高职院校项目建设成果.园林技术专业)
ISBN 978-7-5615-5728-0

Ⅰ.①园…　Ⅱ.①郭…②宋…③夏…　Ⅲ.①园林设计-高等职业教育-教材
Ⅳ.①TU986.2

中国版本图书馆 CIP 数据核字(2015)第 203549 号

出 版 人	蒋东明
责任编辑	陈进才
装帧设计	蒋卓群
责任印制	许克华

出版发行	厦门大学出版社
社　　址	厦门市软件园二期望海路 39 路
邮政编码	361008
总 编 办	0592-2182177　0592-2181253(传真)
营销中心	0592-2184458　0592-2181365
网　　址	http://www.xmupress.com
邮　　箱	xmupress@126.com
印　　刷	厦门金凯龙印刷有限公司印刷

开本	787mm×1092mm　1/16
印张	9
字数	220 千字
版次	2016 年 1 月第 1 版
印次	2016 年 1 月第 1 次印刷
定价	26.00 元

厦门大学出版社
微信二维码

厦门大学出版社
微博二维码

总　序

国务院《关于加快发展现代职业教育的决定》指出，现代职业教育的显著特征是深化产教融合、校企合作、工学结合，推动专业设置与产业需求对接、课程内容与职业标准对接、教学过程与生产过程对接、毕业证书与职业资格证书对接、职业教育与终身学习对接，提高人才培养质量。因此，校企合作是职业教育办学的基本思想。

产教融合、校企合作的关键是课程改革。课程改革要突出专业课程的职业定向性，以职业岗位能力作为配置课程的基础，使学生获得的知识、技能满足职业岗位（群）的需求。至2014年6月，我院各专业完成了"基于工作过程系统化"课程体系的重构，并完成了54门优质核心课程的设计开发与教材编写。学院以校企合作理事会为平台，充分发挥专业建设指导委员会的作用，主动邀请行业、企业的"能工巧匠"参与学院专业规划、专业教学、实践指导，并共同参与实训教材的编写。教材是实现产教融合、校企合作的纽带，是教和学的主要载体，是教师进行教学、搞好教书育人工作的具体依据，是学生获得系统知识、发展智力、提高思想品德、促进人生进步的重要工具。根据认知过程的普遍规律和教学过程中学生的认知特点，学生系统掌握知识一般是从对教材的感知开始的，感知越丰富，观念越清晰，形成概念和理解知识就越容易；而且教材使学生在学习过程中获得的知识更加系统化、规范化，有助于学生自身素质的提高。

专业建设离不开教材，一流的教材是专业建设的基础，它为课程教学提供与人才培养目标相一致的知识与实践能力的平台，为教师依据教学实践要求，灵活运用教材内容，提高教学效果，完成人才培养要求提供便利。由于有了好的教材，专业建设水平也不断提高，因此在福建省教育评估研究中心汇总公布的福建省高等职业院校专业建设质量评价结果中，我院有26个专业全省排名进入前十名，其中有15个专业进入前五名。麦可思公司2013年度《社会需求与培养质量年度报告》显示，我院2012届毕业生愿意推荐母校的比例为68%，比全国骨干院校2012届平均水平65%高了3个百分点；毕业生对母校的满意度为94%，比全国骨干院校2012届平均水平90%高了4个百分点，人才培养质量大大提升。

闽西职业技术学院院长、教授

2015年5月

前　言

　　园林设计初步是高职园林技术专业的专业基础课程。本书内容共分六章,从课程的性质和特点出发,阐述了园林和园林学的概念,对中国古典园林的类型和造园特点做了描述;在平面构成基础部分,对平面构成的基本要素、基本形式和构图分割做了详尽描述;深入探讨了园林构图的基本规律、空间组织、赏景造景以及绿地布局的基本方法;详细描述了园林地形、园路、建筑与小品、园林植物等构成要素的设计要点;通过园林要素表现、线稿表现、色彩表现、计算机辅助设计绘图等,对园林常见的表现技法做了介绍;阐述了园林规划设计的流程、设计方法以及快速设计的特点;在书末,附上了园林基本术语标准及风景园林制图标准,以备查阅。

　　本书由郭舜担任主编,宋连弟、夏建红参与编写。具体分工如下:第二章平面构成基础由宋连弟编写,第五章园林表现技法初步由郭舜、夏建红编写,其他章节均由郭舜编写。在编写过程中,参考了国内外有关著作、期刊、专业网站及相关设计作品,名录见书末的参考文献,在此谨向原作者表示衷心感谢。本书可供高职院校园林技术、园林工程技术等专业师生使用,也可供相关专业人员阅读参考。

　　由于编者水平有限,书中难免有不妥和疏漏之处,敬请读者和专家提出宝贵意见。

编著者

2015 年 9 月

目　录

第一章 绪 论

一、课程的性质和特点

创作性强：设计师需要灵活解决具体矛盾与问题，发挥创新意识和创造能力；

综合性强：园林设计集科学、技术和艺术规律于一体，涉及众多领域，需要大量知识和技巧的积累，必须多看、多练、多走、多写，掌握园林设计的基本表现技法和一定的园林美学理论，具备设计师所应有的逻辑性、系统性和综合性等三种能力；

双重性：需要具备一定的创造性思维和扩散性思维的能力，为后续的园林规划设计的学习奠定基础；

过程性：园林设计过程需要全面、科学分析调研，听取各方意见；

社会性：园林作品要综合平衡社会效应、经济效应与个性特色的关系。

因此，在课程学习时，应注意设计修养的培养，养成正确的工作作风和构思习惯，同时多观摩、多交流以提高设计水平，并注意科学统筹、合理安排计划和进度。

二、园林与园林学

1 园林

中国古代园林肇始于何时？它的原始形态是怎样的？历来都是园林史界讨论的焦点。多数人认为 3000 多年前商、周的苑、囿可以视为是中国古代园林萌发的开始。所谓"囿"，《诗经·毛传》曰："囿，所以养禽兽也。"《字林》解释为"有垣曰苑，无垣曰囿"。古代的苑、囿二字本意是相通的，均指蓄养禽兽、供打猎的场所而言。

"园林"一词，见于西晋以后诗文中，如西晋张翰《杂诗》有"暮春和气应，白日照园林"；北魏杨炫之《洛阳伽蓝记》评述司农张伦的住宅时说："园林山池之美，诸王莫及。"唐以后，"园林"一词的应用更加广泛，常用以泛指以上各种游憩境域。

童寯在《江南园林志》中写道：園（园）之布局，虽变幻无尽，而其最简单需要，实全含于"園"字之内。今将"園"字图解之："囗"者围墙也。"土"者形似屋宇平面，可代表亭榭。"口"字居中为池。"衣"在前似石似树。构筑园林的几大要素山、水、建筑、花木，都蕴涵在一个"園"字中。今天，"园林"已经成了专用名词，可以把"园林"定义为：在一定的地域运用工程技术和艺术手段，通过改造地形（或进一步筑山、叠石、理水）、种植树木花草、营造建筑和布置园路等途径创作而成的美的自然环境和游憩境域。创造这样一个境域的全过程(包括设计和施工在内)称为造园,研究如何去创造这样一个环境的学科称为造园学,造园要素包含了地形、水体、山石、植物、建筑等。

2 园林学

园林学是研究如何合理运用自然因素、社会因素来创建优美的、生态平衡的生活境域的学科。其研究范围是随着社会生活和科学技术的发展而不断扩大的,当前的研究范围包括传统园林学、城市绿化和大地景观规划三个层次。

传统园林学主要包括园林历史、园林艺术、园林植物、园林工程、园林建筑等分支学科,园林设计是根据园林的功能要求、景观要求和经济技术条件,运用上述各分支学科的研究成果来创造各种园林的艺术形式和艺术形象。

城市绿化是研究绿化在城市建设中的作用,确定城市绿地定额指标,城市绿地系统的规划和公园、街道绿地以及其他绿地的设计等。

大地景观研究的任务是把自然景观和人文景观当作资源来看待,从生态效益、社会经济价值和审美价值等方面进行评价和规划。在开发时最大限度地保存自然景观,最合理地利用土地。规划步骤包括自然资源和景观资源的调查、分析和评价;保护或开发原则、政策的制定以及规划方案的制定等。大地景观的单体规划内容有风景名胜区规划、国家公园规划、休养胜地规划和自然保护区游览部分规划等。

三、中国古典园林分类

1 按园林基址的选择和开发方式分

1.1 人工山水园

人工山水园是中国造园发展到完全自觉创造阶段而出现的审美境界最高的一类园林,即在平地上开凿水体,堆筑假山,人为地创设山水地貌,配以花木栽植和建筑营构,把天然山水风景缩移模拟在一个小范围之内。这类园林均修建在平坦地段上,尤以城镇内居多。它们的规模从小到大,包含的内容亦相应地由简到繁。人工山水园是最能代表中国古典园林艺术成就的一个类型,现存的人工山水园多见于江南的私家园林。

1.2 天然山水园

一般建在城镇近郊或远郊的山野风景地带,包括山水园、山地园和水景园等。规模较小的利用天然山水的局部或片段作为建园基址,规模大的则把完整的天然山水植被环境圈起来作为建园的基址,然后再配以花木栽植和建筑营构。基址的原始地貌因势利导做适当的调整、改造、加工,工作量的多少视具体的地段条件和造园要求而有所不同。天然山水园如北京的颐和园、承德的避暑山庄。

2 按占有者身份、隶属关系分

2.1 皇家园林

皇家园林是专供帝王休息享乐的园林,特点是规模宏大,充分利用了天然山水风景的自然美。园中建筑色彩富丽堂皇,建筑体型高大;常用园中套园的布局方式,为看尽人间美景,将天下名景名园搬到苑囿中来,以便就近游赏。现存的著名皇家园林如北京的颐和园、北海公园、承德的避暑山庄。

2.2 私家园林

私家园林是中国古典园林中的主要类别,体现了园林的游赏功能与居住功能的密切结合,即所谓"游"和"居"的统一。特点是规模较小,建筑小巧玲珑,园林景色大多宁静自然,风韵清新,简洁淡泊,落落大方;表现其淡雅素净的色彩。现存的私家园林如北京的恭王府,无锡的寄畅园,南京的瞻园,上海的豫园,苏州的拙政园、留园、沧浪亭、网师园、狮子林,扬州的个园、寄啸山庄、小盘谷、片石山房等。

2.3 寺观园林

从园林学上讲,它并不是狭隘地仅指佛教寺院和道教宫观所附设的园林,而是泛指依属于为宗教信仰服务的建筑群的园林。在中国古代,信仰和崇拜的对象较为复杂,出现了形形色色的建筑类型,它们一般均带有园林,也带来了寺庙花园的多样化。"园包寺"即寺庙融化在山水风景之中;"寺裹园"即寺内又建有若干小园林,供香客游人欣赏,著名的杭州灵隐寺就是如此。寺庙园林还带有某些综合性公共园林的性质,为了接待香客和游人的游览,常设有生活起居和娱乐的设施,有的庙园中还设有客房,以便读书人攻读或来往过客借宿。

3 按园林所处地理位置分

3.1 北方园林

因地域宽广,所以范围较大;又因大多为百郡所在,所以建筑富丽堂皇。因自然气象条件所局限,河川湖泊、园石和常绿树木都较少。由于风格粗犷,所以秀丽媚美稍显不足。北方园林的代表大多集中于北京、西安、洛阳、开封等地,尤以北京为代表。

3.2 江南园林

南方人口较密集,所以园林地域范围小;又因河湖、园石、常绿树较多,所以园林景致较细腻精美;江南园林常是住宅的延伸部分,基地范围较小,因而必须在有限空间内创造出较多的景色,"小中见大"、"以一当十"、"借景对景"等造园手法得到灵活的应用。其特点为明媚秀丽、淡雅朴素、曲折幽深,但究竟面积小,略感局促。南方园林的代表大多集中于南京、上海、无锡、苏州、杭州、扬州等地,其中尤以苏州为代表。

3.3 岭南园林

岭南气候炎热,日照充沛,降雨丰富,植物种类繁多,又多河川,所以造园条件上佳。其明显的特点是具有热带风光,建筑物较高而宽敞,花园的水池一般较为规正,临池向南每每建有长楼,出宽廊;其余各面又绕有游廊,跨水建廊桥,以尽量减少游赏时的日晒时间。岭南园林代表如顺德清晖园、东莞可园、番禺余荫山房、佛山梁园,也被誉为广东四大名园。

四、中国古典园林的特点

中国古典园林因中国的历史背景和文化传统而形成了独特的风格和特点。古典园林在形式上体现的是自然美，不求轴线对称，也没有明显的规则可循，而是山环水抱，曲折蜿蜒，不但树木任自然之原貌，人工建筑也尽量顺应自然而参差错落，力求与自然融合，达到"虽由人作，宛自天开"。

1 本于自然，高于自然

自然风景以山、水为地貌基础，以植被做装点，山、水、植物乃是构成自然风景的基本要素，当然也是风景式园林的构景要素。中国古典园林绝非一般地利用或者简单地模仿这些构景要素的原始状态，而是有意识地加以改造、调整、加工、剪裁，从而表现一个精练概括的自然、典型化的自然。唯其如此，像颐和园那样的大型天然山水园才能够把具有典型性格的江南湖山景观在北方的大地上复现出来。这就是中国古典园林最主要的特点——本于自然而又高于自然。这个特点在人工山水园的筑山、理水、植物配植方面表现得尤为突出。

2 建筑美与自然美的融糅

法国的规整式园林和英国的风景式园林是西方古典园林的两大主流。前者按古典建筑的原则来规划园林，以建筑轴线的延伸控制园林全局；后者的建筑物与其他造园三要素之间往往处于相对分离的状态。但是，这两种截然相反的园林形式却有一个共同的特点：把建筑美与自然美对立起来，建筑要么控制一切，要么退避三舍。中国古典园林则不然，建筑无论多寡，也无论其性质、功能如何，都力求与山、水、花木这三个造园要素有机地组织在一系列风景画面之中，突出彼此谐调、互相补充的积极的一面，限制彼此对立、互相排斥的消极面。

3 诗画的情趣

文学是时间的艺术，绘画是空间的艺术。园林的景物既需"静观"，也要"动观"，即在游动、行进中领略观赏，故园林是时空综合的艺术。

中国古典园林滋生在中国文化的肥田沃土之中，并深受绘画、诗词和文学的影响。由于诗人、画家的直接参与和经营，中国园林从一开始就带有诗情画意的浓厚感情色彩。中国古典园林的创作，能充分地把握这一特性，运用各个艺术门类之间的触类旁通，融诗画艺术于园林艺术，使得园林从总体到局部都包含着浓郁的诗、画情趣，这就是通常所谓的"诗情画意"。诗情，不仅是把前人诗文的某些境界、场景在园林中以具体的形象复现出来，或者运用景名、匾额、楹联等文学手段对园景作直接的点题，而且还在于借鉴文学艺术的章法、手法使得规划设计颇多类似文学艺术的结构。如苏州沧浪亭的楹联"清风明月本无价，近水远山皆有情"即与"沧浪"之说暗合。

4 意境的涵蕴

中国造园虽也重视形式，但倾心追求的是意境美，其衡量的标准则要看能否借它来触发人的情思,从而具备诗情画意的环境氛围及"意境"。造园讲究的是含蓄、虚幻、含而不露,言外之意、弦外之音,因中国人的审美习惯和观念使然,人们置身其内有扑朔迷离和不可穷尽的幻觉。

意境是中国艺术创作和欣赏的一个重要美学范畴,意为把主观的感情、理念熔铸于客观生活、景物之中,从而引发鉴赏者类似的感情激动和理念联想。游人获得园林意境的信息,不仅通过视觉官能的感受或者借助于文字、古人的文学创作、神话传说、历史典故等信号的感受,而且还通过听觉、嗅觉的感受。诸如十里荷花、丹桂飘香、雨打芭蕉、流水叮咚,乃至风动竹篁有如碎玉倾洒,柳浪松涛之若天籁清音,都能以"味"入景、以"声"入景而引发意境的遐思。曹雪芹笔下的潇湘馆,"凤尾森森,龙吟细细"更是绘声绘色点出此处意境的浓郁蕴藉,苏州拙政园的见山楼出自陶渊明的名句"采菊东篱下,悠然见南山",苏州网师园的"网师"二字意同渔父、钓叟,柳宗元有"独钓寒江雪"之句(原为渔隐),北京陶然亭公园取白居易诗"更待菊黄家酿熟,与君一醉一陶然"句中的"陶然"二字为亭命名。

第二章　平面构成基础

　　构成是一种造型概念,是以数种以上的单元重新组合成为一个新的单元,同时注重于处理上的力学关系。构成是创造形态的方法,研究如何创造形象、形与形之间怎样联系以及形象排列的方法。

　　平面构成是运用点、线、面等要素在二维的平面内按照一定的形式规律和形式法则进行解构重组,从中获得有意味、有创意的美的平面图形。

一、平面构成的基本要素

1　平面构成中设计元素的分类

　　概念元素:在意念中能够感受到的概念,但不实际存在的元素。

　　视觉元素:把概念元素通过一定的形象或形状表达出来,例如可见的点、线、面等基本元素构成的单位形象,或形状、色彩、肌理等具体形象。

　　关系元素:把视觉元素在二维空间内排列、组合成一个画面的组织方式,主要通过位置、空间、骨骼等因素体现。

2　平面构成的基本形态

2.1　点

2.1.1　点的概念

　　几何学上的点只表示某一位置,没有形状和面积,如一条线的起点或终点、折曲的地方、两条线的相交点、线段的等分点等。

　　在平面构成中,点是具有空间位置的视觉单位,是以形象存在的,不但有位置,而且有形状和面积。其大小不得超过视觉单位"点"的限度,超过就失去点的性质,形成面。点是形态的最小单元,是造型的出发点,是个相对的概念。

　　点的形状是多种多样、不受限制的。在特定的环境比例中能起到点的作用的形,就

图 2-1　点的形状

可视为点。

2.1.2 点的特性与作用

点在生活中是随处可见的,但点的大小是相比较而言的,要结合与点相关的背景来比较,例如天空中的飞机、大海上的轮船、夜空中的星星等,超过一定比例的点就呈现面的特征。点的形态不同,产生的视觉效果也不同;点的运动和密集也会形成线或面的效果。

图 2-2 点与背景的对比

点的大小:越小的形点的感觉越强,越大的形点的感觉越弱。

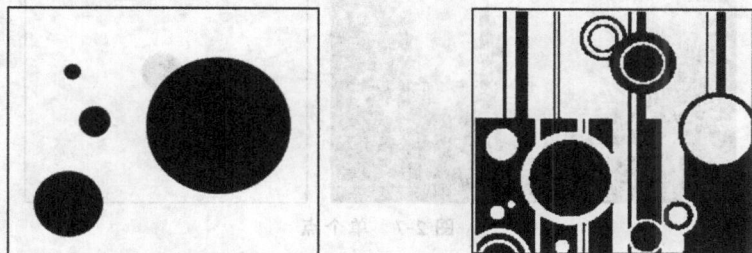

图 2-3 点的大小

点与形的关系:圆点最佳,即使较大仍给人以点的感觉。

图 2-4 点与形的关系

点的线化:距离较近的点的连续产生线的效果,即"虚线"。

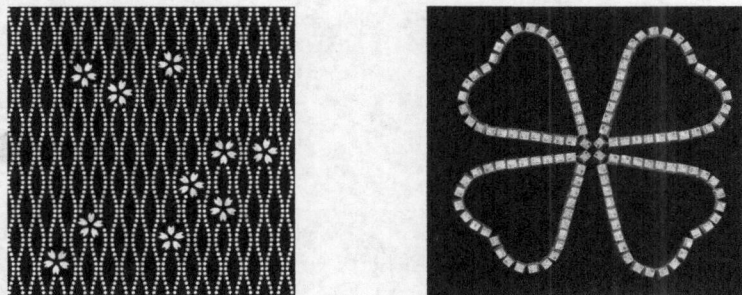

图 2-5 点的线化

点的面化：一定数量的点的集中产生面的效果。

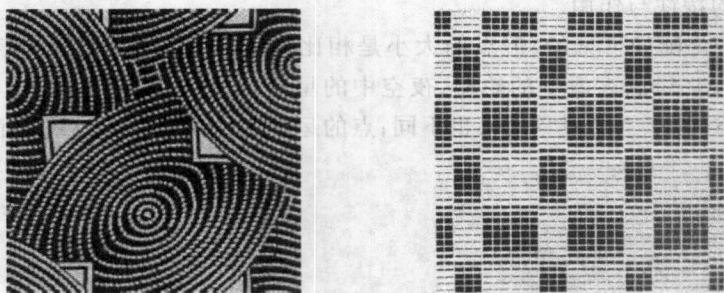

图 2-6　点的面化

点的作用：单个的点具有凝固视线的作用，能形成视觉中心，是力的中心；多个点会使视线跳跃，分散力量，创造生动感；连续的点会产生节奏与韵律；大小不一的点的排列能产生空间感。

图 2-7　单个点

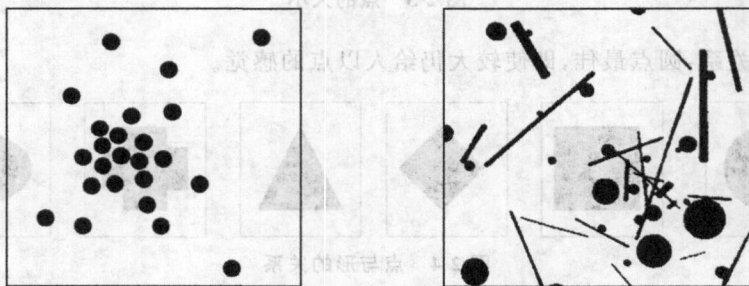

图 2-8　多个点

图 2-9　连续的点

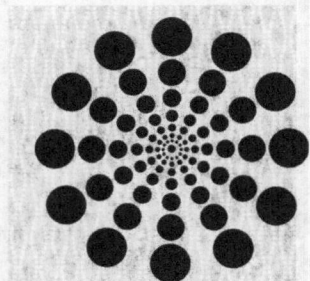

图 2-10　大小不一的点的排列

点的错视:高明度的点比低明度的点更有前进膨胀的感觉;由于周围点大小的不同,使中心两个大小相同的点产生大小不同的感觉;在一个两直线的夹角中,相同大小的点,靠近夹角的点比远离夹角的点更显大。

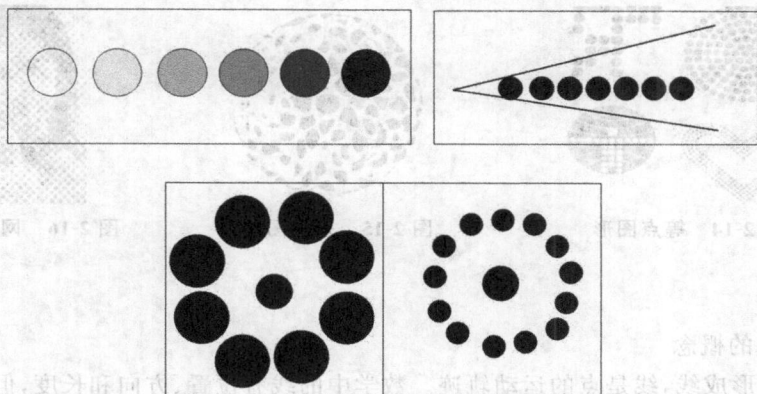

图 2-11　点的错视

2.1.3　点的构成

点的构成方式主要有开放式和封闭式两种,开放式是利用造型诸要素,如点的大小、明暗、位置等自由构成的形;封闭式是按严格的规律关系,如一定大小和数量的点构成的形,具有规整和严肃的表情。

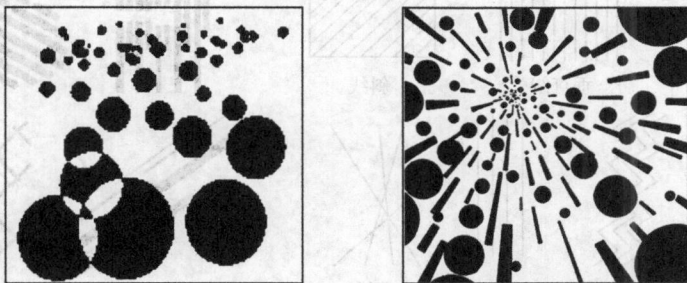

图 2-12　开放式

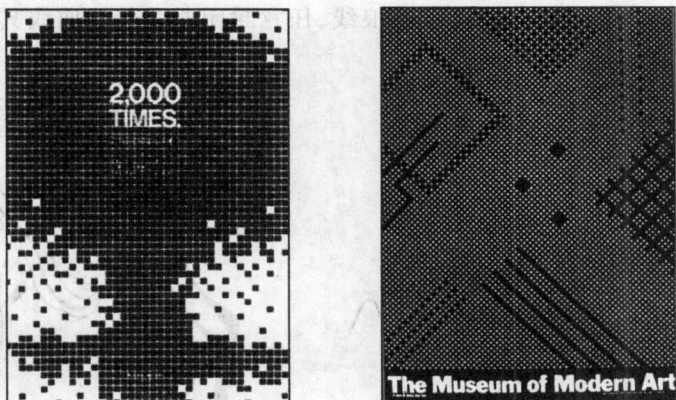

图 2-13　封闭式

等点图形：由形状、大小相同的点组成的画面。

差点图形：由形状、大小不同的点组成的画面。

网点图形：点做不同的排列和多种次序变化，产生明暗调子的构成方式。

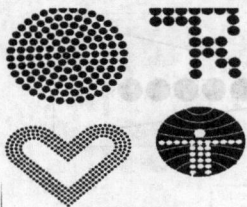

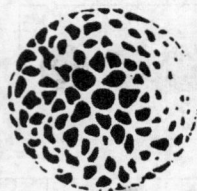

图 2-14　等点图形　　　　图 2-15　差点图形　　　　图 2-16　网点图形

2.2　线

2.2.1　线的概念

点的移动形成线，线是点的运动轨迹。数学中的线有位置、方向和长度，但是没有宽度。平面构成中的线不仅有位置、方向、长度，也有宽度。

2.2.2　线的分类与表情

直线：水平线、垂直线、斜线、折线、锯齿线、平行线、交线等。直线具有强性、有力、明晰、单纯、稳定、冷淡和男性气质。

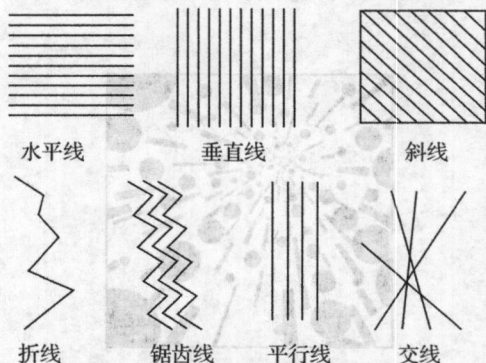

图 2-17　直线的种类　　　　　　　　　图 2-18　直线构成

曲线：椭圆、弧线、抛物线、漩涡线、波浪线、任意封闭曲线等。曲线具有柔软、圆熟、优雅、充实、弹性、华丽和女性气质。

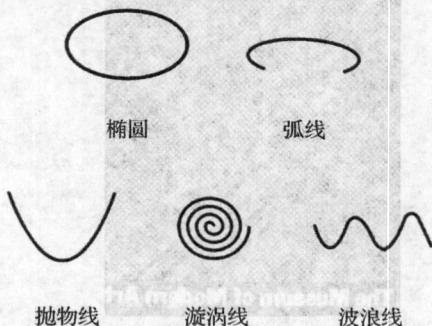

图 2-19　曲线的种类　　　　　　　图 2-20　曲线构成

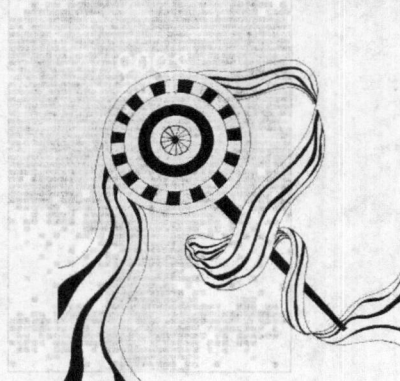

2.2.3　线的作用

线的粗细:粗线有力,细线尖锐纤细而神经质,并且细线具有速度感。粗细线还可产生远近关系,感觉上粗线在前,细线在后。

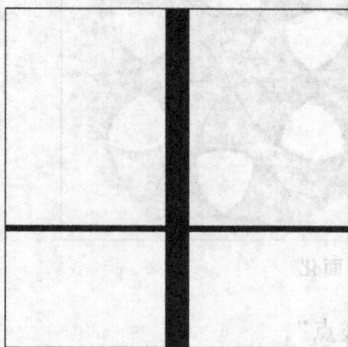

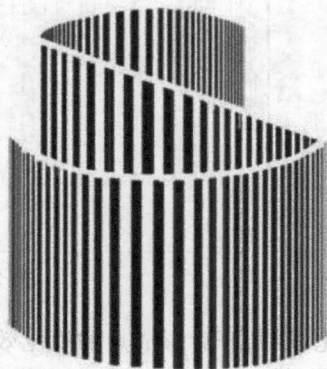

图 2-21　线的粗细

线的疏密:线的疏密排列产生空间效果,间距密显远,间距疏显近。

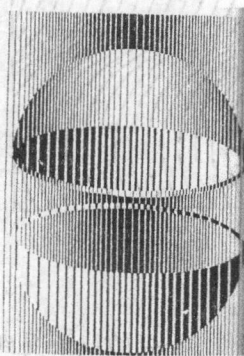

图 2-22　线的疏密

线的方向性:斜向的直线排列可指示方向,表现出空间的进深感。

图 2-23　线的方向性

线的面化:线的紧密排列产生面的感觉。

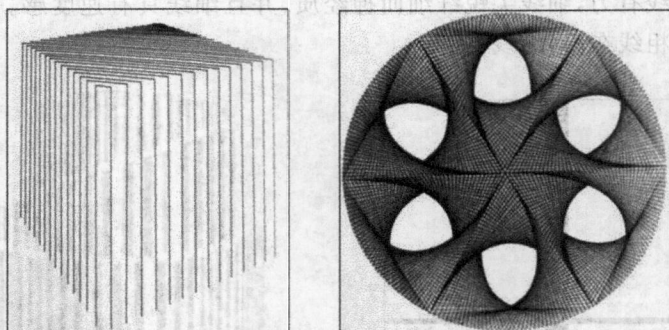

图 2-24　线的面化

线的点化:线断开后形成点的视觉效果,即"虚点"。

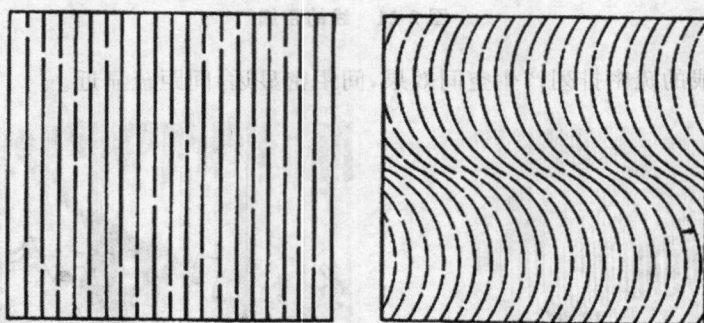

图 2-25　线的点化

2.2.4　线的错视

等长的线条由于两端的形态不同产生长短不一的感觉;平行的线条受到其他图形的影响,产生不平行的感觉。

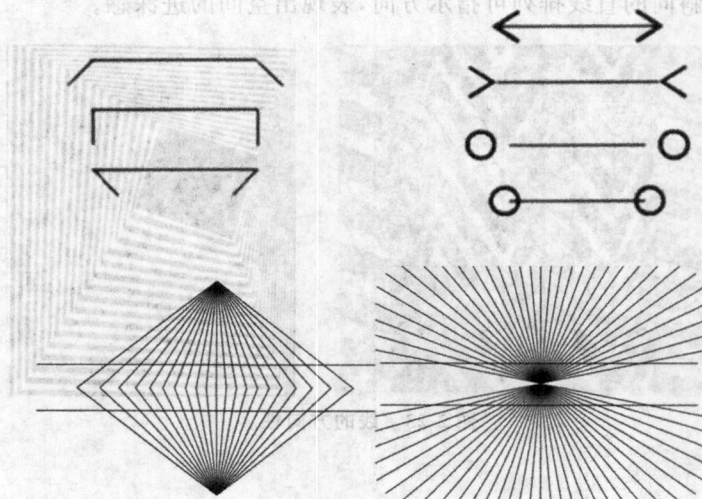

图 2-26　线的错视

2.2.5 线的构成

有序构成:无论线的长短、粗细、方向或位置都以规律化的形式构成。

自由构成:以自由的非规律的形式排列构成,有很大的随意性。

图 2-27 线的有序构成

图 2-28 线的自由构成

2.3 面

2.3.1 面的概念

几何学中的面是线移动的轨迹。

在平面构成中,点的扩大和密集,线的宽度增加与集中、平移、翻转均可产生面的效果。

图 2-29 面的形成方式

2.3.2 面的种类与特性

几何形:可以通过一定的数学公式进行描述,是按照某种数率进行运行的线的轨迹。分为几何直线形和几何曲线形。几何直线形能呈现一种安定的秩序感,在心理上具有简洁、安定、井然有序的感觉;几何曲线形,比直线柔软,有数理性秩序美感。

图 2-30 几何形的面

自由形:不具有规则和秩序的形。活泼、随意,但也容易变得散漫、无秩序。

图 2-31 自由形的面

2.3.3 面的组合形式

并列:形与形是并列关系并保持一定距离。

相遇:一个形与另一个形的边缘相连接。

重叠:一个形与另一个形有重合部分,产生前后关系,形成空间层次感。

透叠:一个形与另一个形重合时,保持原形的边缘线。

联合:形与形相重合时,彼此联合形成一个新的形。

减缺:一个形减另一个形,形成新的形。

差叠:利用形与形的重合部分形成一个新的形。

重合:一个形重叠在另一个形之上,产生上下关系。

并列　　　　　　　相遇

重叠　　　　　　　透叠

联合　　　　　　　减缺

差叠　　　　　　　重合

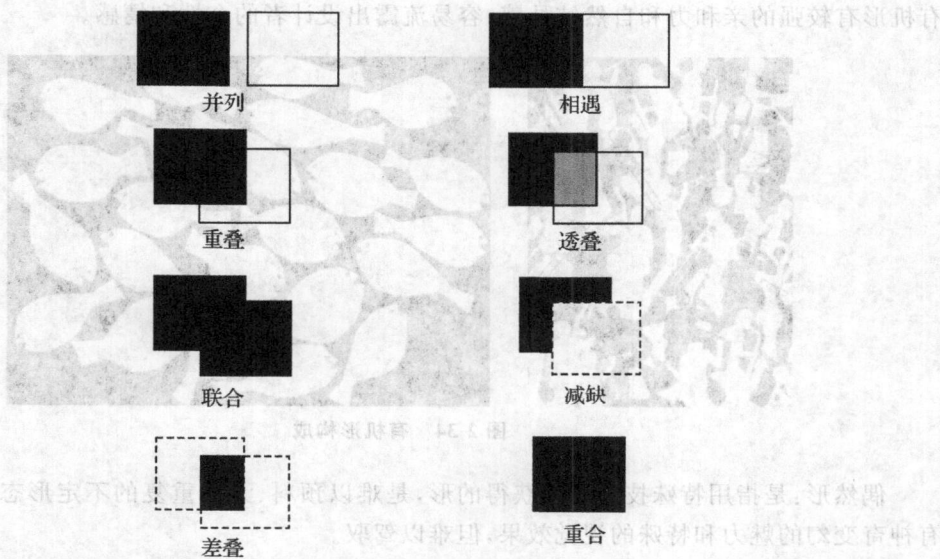

图 2-32　面的组合形式

二、平面构成的基本形式

1　基本形与骨骼

一切用于平面构成中的可见的视觉元素,统称为形象。基本形就是最基本的形象。限制和管辖基本形在平面构成中的各种不同的编排,即骨骼。

1.1　基本形的分类

几何形:应用圆规、尺子等工具所作的规矩形,如正方形、圆形、三角形等。几何形简洁明快,具有数理秩序与机械的冷感性格,体现一种理性。

图 2-33　几何形构成

有机形:自然界有机体中存在的事物形象,包括了具象形、抽象形,但均源于自然形态。

有机形有较强的亲和力和自然纯朴感,容易流露出设计者的个性和情感。

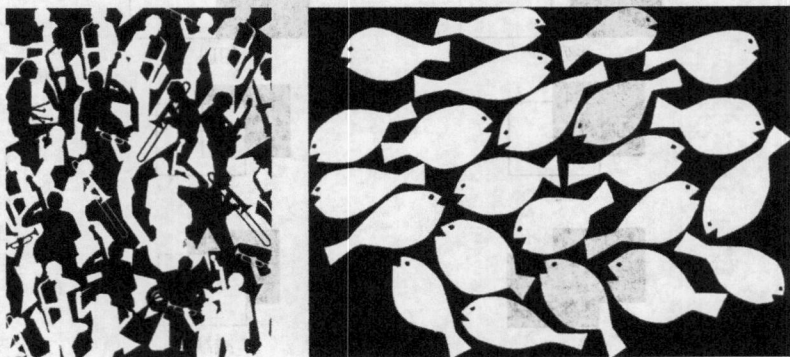

图 2-34　有机形构成

偶然形:是指用特殊技法偶然获得的形,是难以预料、无法重复的不定形态。偶然形具有神奇变幻的魅力和特殊的视觉效果,但难以驾驭。

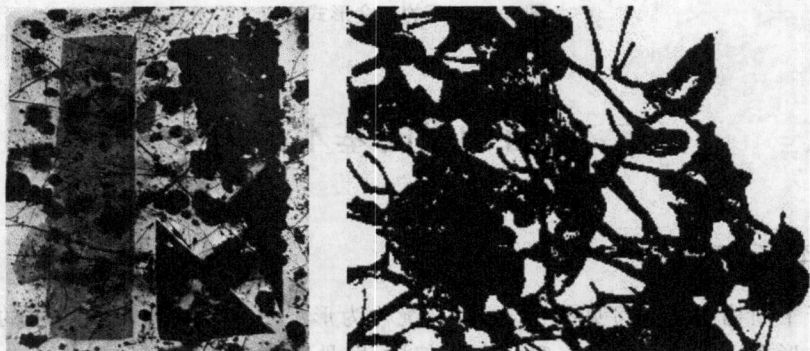

图 2-35　偶然形构成

1.2　基本形的组合形式

基本形的组合涉及"图与底"的关系和"形"与"形"的空间关系。

在平面上形象往往被称为"图",也叫"正形",周围的空间被称为"底",也叫"负形"。一般情况下,"图"与"底"是共存的,而有些图形创意则可以通过图底转换得到。

图 2-36　正负形

"形"与"形"相遇可以产生分离、相遇、减缺、重叠、透叠、重合、联合、差叠等几种关系。

分离　　相遇　　减缺

重叠　　透叠　　重合

联合　　差叠

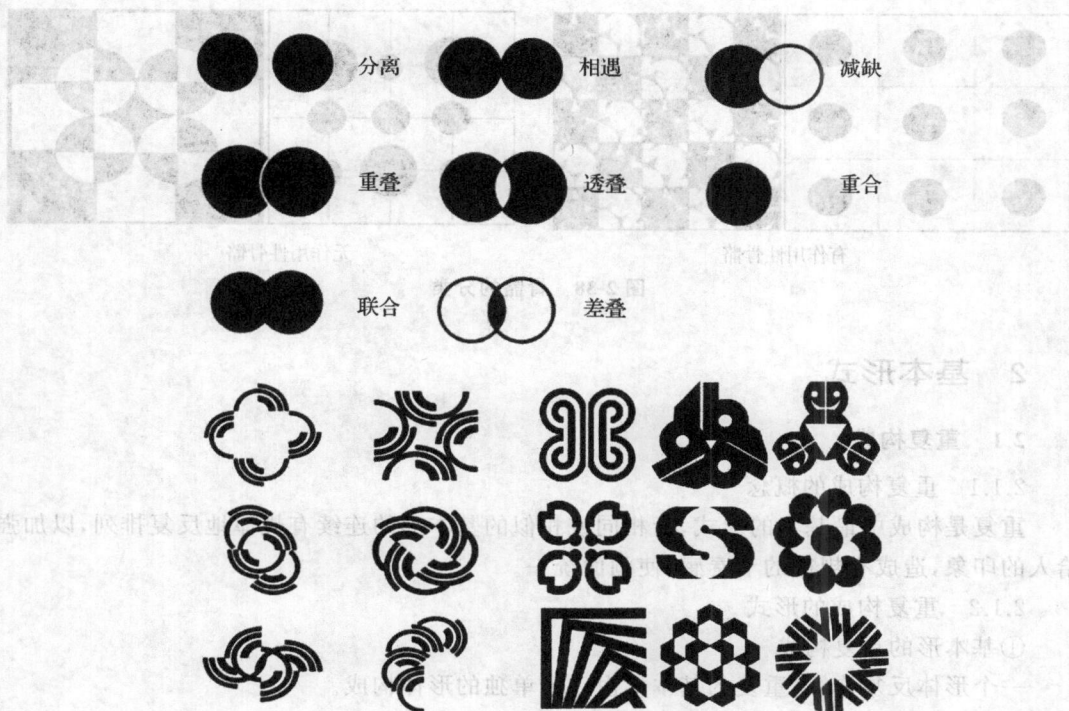

图 2-37　形与形的组合

1.3　骨骼

骨骼就是构成图形的框架、骨架,是为了将图形元素有秩序地进行排列而画出的有形或者无形的格子、线、框等。骨骼支配着构成单元的排列方法,可决定每个组成单位的距离和空间。

1.3.1　有规律性骨骼

是以严谨的数学方式构成骨骼线,在骨骼线里安排基本形,能产生强烈的秩序感。

有作用性骨骼:骨骼给基本形准确的空间位置,基本形安排在骨骼线的单位里,并可以改变方向、正负,越出骨骼线的余形被骨骼线切掉,骨骼线可以划分空间、分割背景。

无作用性骨骼:基本形安排在骨骼的交点线上,可以改变其大小、方向、正负关系,骨骼线只是固定基本形的位置,不起分割背景的作用,设计完成要把骨骼线擦掉。

1.3.2　非规律性骨骼

没有严谨的骨骼线,可以随意灵活安排基本形。

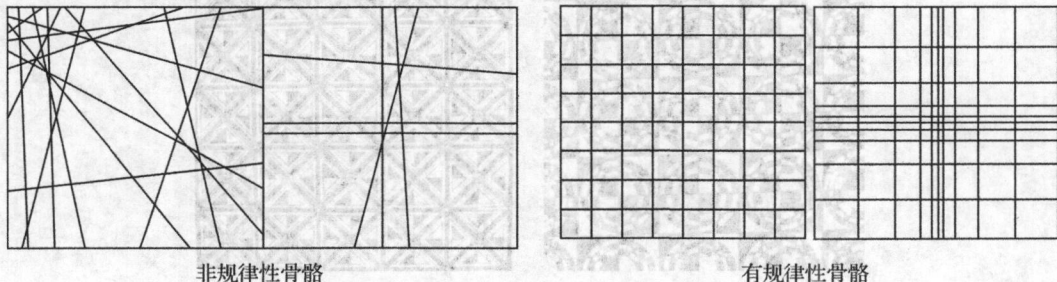

非规律性骨骼　　　　　　　　　　有规律性骨骼

有作用性骨骼 无作用性骨骼

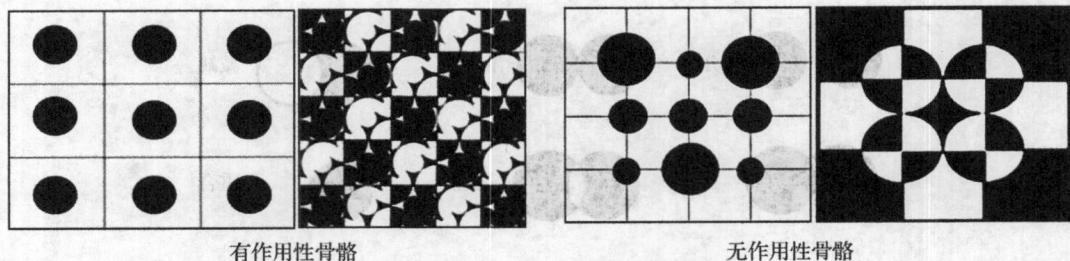

图 2-38　骨骼的分类

2　基本形式

2.1　重复构成

2.1.1　重复构成的概念

重复是构成中最基本的形式,指相同或相似的基本形的连续有规律地反复排列,以加强给人的印象,造成有规律的节奏感,使画面统一。

2.1.2　重复构成的形式

①基本形的重复构成

一个形体反复连续:重复的基本形由一个单独的形体构成。

两个形体一组反复连续:重复的基本形由两个形体组合而成。

多个形体为一组反复连续:重复的基本形由多个形体组合而成。

图 2-39　一个形体重复　　图 2-40　两个形体组合重复　　图 2-41　多个形体组合重复

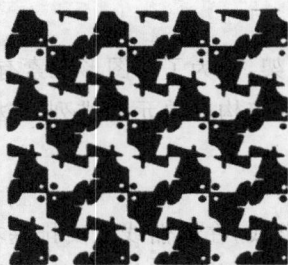

②骨骼的重复构成

重复骨骼是有规律性骨骼的基本形式,指骨骼线的距离相等,每一单位的形状和面积完全相同,给基本形在方向和位置方面的交换提供了保障,可以进行多种变化。

图 2-42　重复骨骼

③重复基本形在重复骨骼中的排列

重复基本形在重复骨骼中排列形成的图形有很强烈的统一感,但缺少变化。可通过不同方式改变重复基本形在重复骨骼中的排列,使画面具有既统一又有变化的效果。重复构成中的基本形不宜复杂,要以简单明了为主,一般选择简单的几何形。

图底关系黑白互换

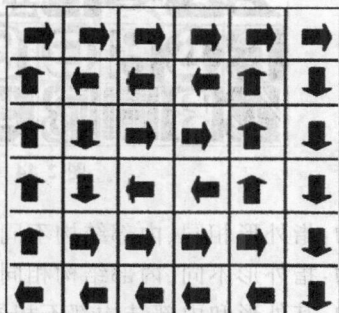

改变方向

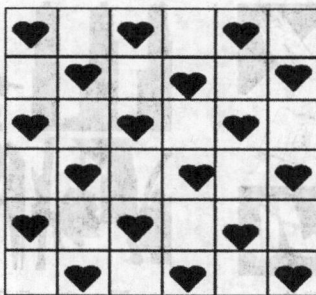

间隔反复排列

基本单元反复排列

图 2-43　重复构成中的变化

2.2　近似构成

2.2.1　近似构成的概念

近似构成是在重复构成的基础上,使基本形出现一定的变化,形象之间彼此相似,但不完全一样,它们在形状、大小、色彩、肌理等方面存在共同特征,可以取得统一中有变化的生动效果。

2.2.2　近似构成的形式

①基本形近似构成:基本形是重复的轻度变异,形象彼此相像,但不完全一样。近似的程度可高可低,但是如果近似程度高,会产生重复之感;近似的程度太低会失去近似的意义。

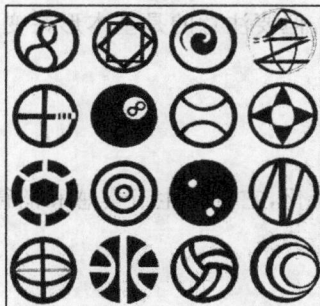

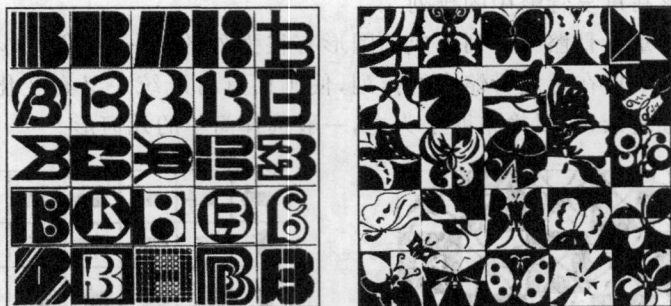

图 2-44　基本形近似构成

同形异构:指外形相同、内部结构不同的造型方法。

异形同构:指外形不同、内部结构相同的造型方法。

异形异构:其外形和内部结构都不相同,但是内在的艺术表现形式是一样的。

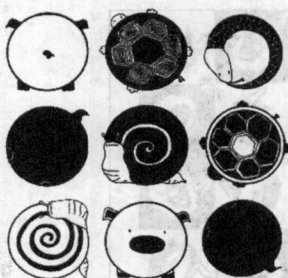

图 2-45　同形异构　　　　图 2-46　异形同构　　　　图 2-47　异形异构

②骨骼的近似:指骨骼单位的形状、大小、方向不完全相等,但有些近似。

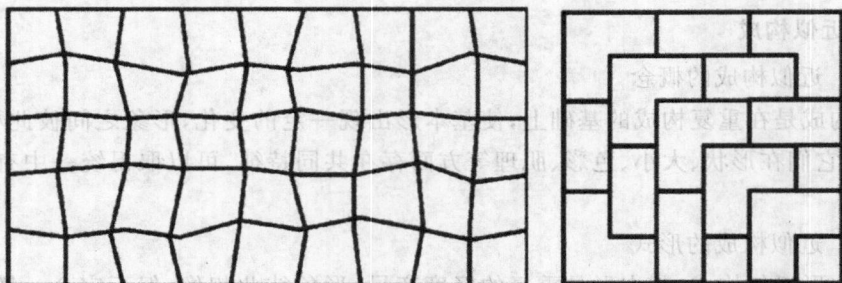

图 2-48　近似的骨骼

近似构成体现了统一中有变化的生动效果,但要注意的是基本形在变化时,必须有所节制,不能任意变化,要保持画面的整体性。

2.3　渐变构成

2.3.1　渐变构成的概念

基本形或骨骼逐渐地、有规律地循序渐进变化,它会产生节奏感和韵律感。

2.3.2　渐变构成的形式
①基本形的渐变
形状渐变：由一个形象逐渐变化成为另一个形象。可以采用对一个形的压缩、削减、位移或两形共用一个边缘等途径来实现从一个形到另一个形的转化。

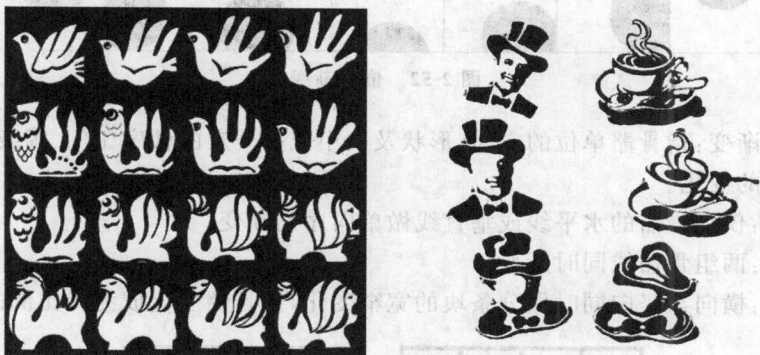

图 2-49　形状渐变

大小渐变：依据近大远小的透视原理,将基本形做大小序列的变化。可以产生空间感和运动感。

图 2-50　大小渐变

方向渐变：将基本形做方向、角度的序列变化。会使画面产生起伏变化,增强立体感和空间感。

图 2-51　方向渐变

位置渐变:将基本形在画面中或骨骼单位的位置上做有序的变化。会使画面产生起伏波动的视觉效果。

图 2-52　位置渐变

②骨骼的渐变:指骨骼单位的空间、形状及大小依据一定的秩序比例、等级,逐渐减弱或加强的规律性的变化。

单元渐变:仅用骨骼的水平线或垂直线做单向序列渐变。

双元渐变:两组骨骼线同时渐变。

等级渐变:横向与竖向同时做分条块的宽窄变化,使骨骼变化成为有比例的阶梯渐变。

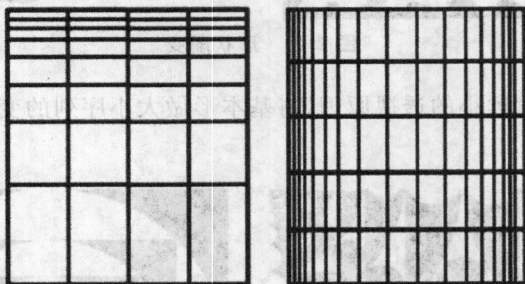

图 2-53　单元渐变

图 2-54　双元渐变

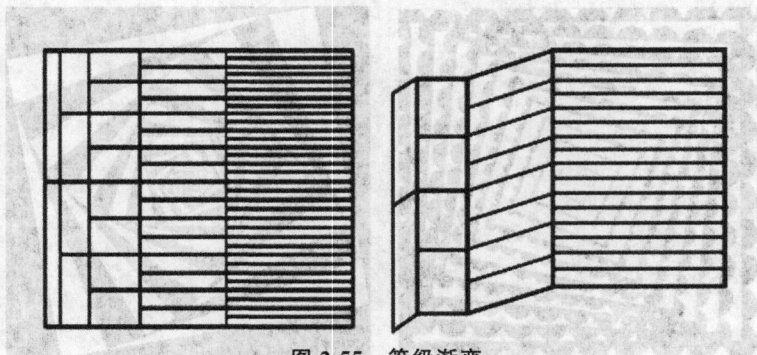

图 2-55　等级渐变

基本形的渐变与骨骼的渐变相互作用可以产生丰富的变化。

图 2-56 基本形与骨骼相互作用的渐变构成

在渐变构成中,渐变的程度要恰当,既不能变得太快,缺少连贯性,又不能变得太慢,重复累赘。

2.4 发射构成

2.4.1 发射构成的概念

发射构成是一种特殊的重复。重复的形或骨骼单位环绕一个或几个中心点向外散开或向内集中。发射又是一种渐变的造型,具有渐变的特殊视觉效果。

2.4.2 发射构成的形式

①离心式:基本形由中心向外扩散,发射点一般在画面的中心,有向外运动的感觉,是运用较多的一种发射形式。

②向心式:基本形由四周向中心归拢,形成发射点在画面外的效果。

③同心式:同心圆围绕着发射中心一层一层向外扩展。

④多心式:基本形以多个中心为发射点,形成丰富的发射集团。

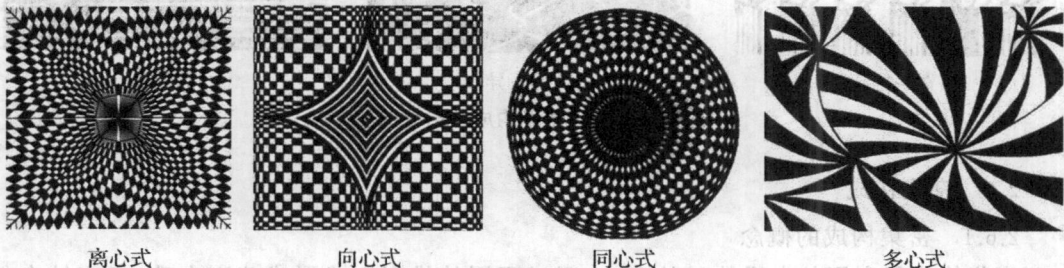

离心式   向心式   同心式   多心式

图 2-57 发射构成的形式

2.5 特异构成

2.5.1 特异构成的概念

特异构成是在有序的规律中出现反规律的变异,使个别的要素显得突出而引人注目。

特异是比较性的,在规律中出现轻微差异或局部突破而产生几个不规律的基本形和变异骨架,可以清除规律性的单调感,造成动感,增加趣味。

2.5.2 特异构成的形式

大小特异:在规律性基本形构成中,只在大小上做些变异。但应注意,基本形在大小上的变异比例应适当,不要对比太悬殊或太接近。

方向特异：多数基本形在方向上有秩序地排列，只有个别基本形在方向上有变异。

形状特异：在规律性的基本形中，出现一小部分变异的形状。但应注意，两个形要有呼应关系，不能差别太大。

色彩特异：在同类色彩构成中，加进某些对比色，以打破单调感。

骨骼特异：通过打破规律，产生特异部分的骨骼，此骨骼必然影响到基本形的编排，从而更突出特异效果。

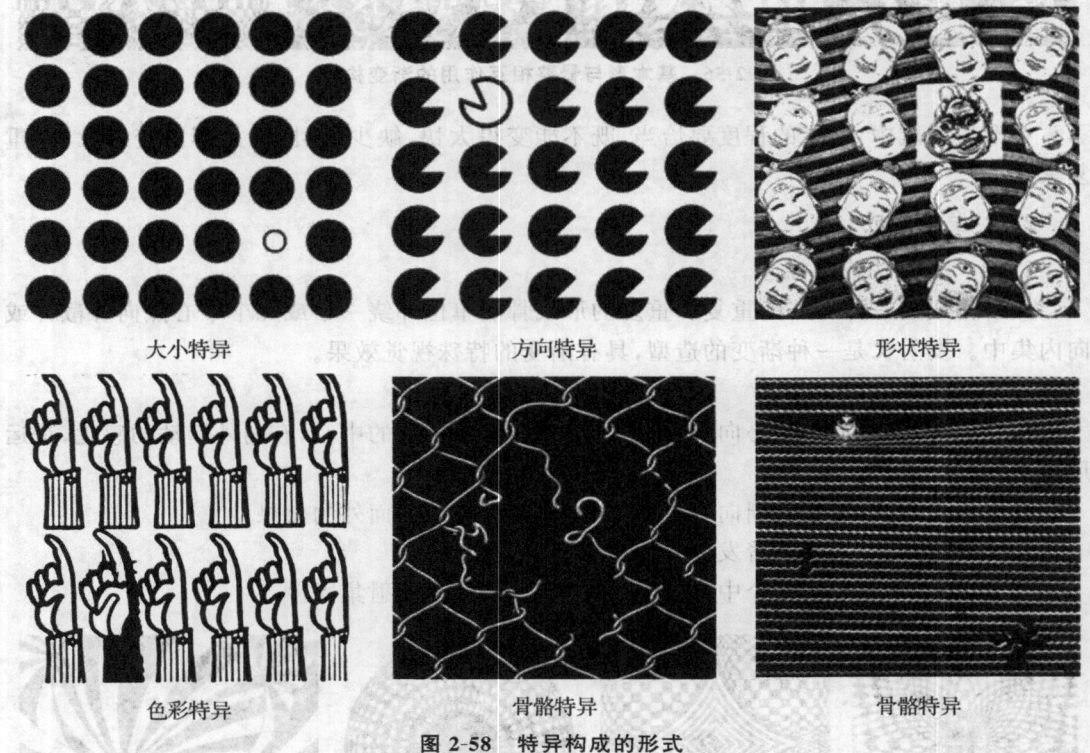

大小特异　　　　　　　　方向特异　　　　　　　　形状特异

色彩特异　　　　　　　　骨骼特异　　　　　　　　骨骼特异

图 2-58　特异构成的形式

2.6　密集构成

2.6.1　密集构成的概念

密集构成是利用基本形数量的多少，通过不同的排列方式形成疏密有致、虚实结合的图形。

在密集构成中，基本形在整个构图中可以自由散布、疏密结合，最疏或最密的地方常常成为整个设计的视觉焦点，在画面中造成一种视觉上的张力，具有节奏感。

2.6.2　密集构成的形式

预置形密集：在画面上预先设定骨骼线和中心，并以此组织基本形的密集与扩散。可以点为中心，也可以线或面为中心进行密集构成。

无定形密集：不预先设定密集中心，而是靠画面的均衡，即通过基本形与空间、虚实等产生的轻度对比来进行密集构成。

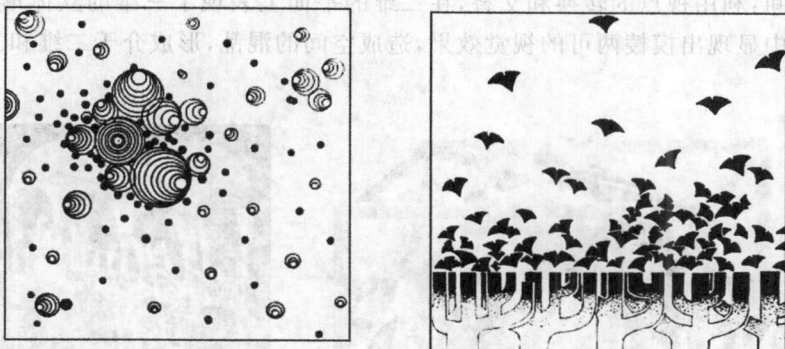

图 2-59 预置形密集

图 2-60 无定形密集

2.7 空间构成

2.7.1 空间构成的概念

空间构成是在二维平面的基础上表现出带有纵深感的三维立体空间,它具有平面性、幻觉性、矛盾性。在平面构成中空间感只是一种假象,三维空间是二维空间的错觉,其本质还是平面的。

2.7.2 空间构成的类型

平面空间:由长、宽两种单元因素构成,叫作"二次元空间",也称"二度空间"或者"二维空间"。

图 2-61 平面空间

矛盾空间:利用视点的转换和交替,在二维的平面上表现了三维的立体形态,但在三维立体的形态中显现出模棱两可的视觉效果,造成空间的混乱,形成介于二维和三维之间的空间。

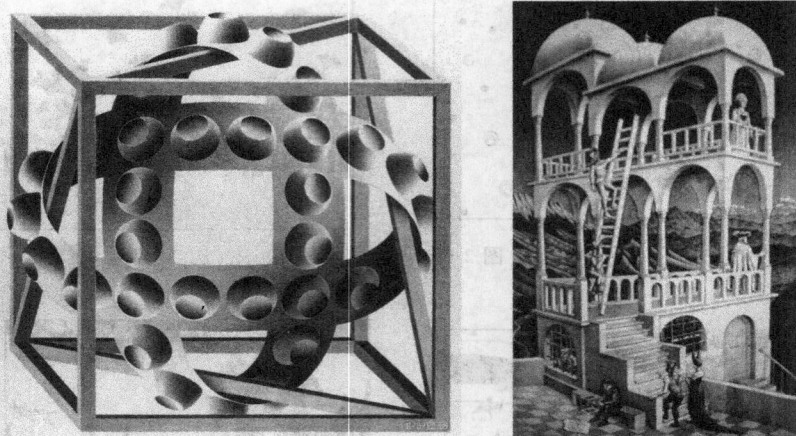

图 2-62　矛盾空间

幻觉空间:综合真实空间与矛盾空间,依据视觉反映原理,造成画面特殊的观赏效果。

图 2-63　幻觉空间

2.7.3　空间构成的方法

①平面空间构成的方法

重叠:重叠产生前后或上下关系,可以表现空间纵深感,是感知形体空间最直接明显的一种表现。

大小变化:在同一平面上,大小相同的形象,由于远近的不同产生大小不同的感觉;大小不同的形象,在视觉上产生远近不同的感觉,有一种空间深度感。

疏密变化:细小的形状或线条排列的疏密变化可以产生空间距离感。

弯曲变化:形象有了转折或弯曲变化,就产生了高、宽、厚度的三维立体效果,形成了有纵深感的三维立体空间。

投影效果:投影的存在使形象更富于真实,是空间感的反映。投影在前面时向外扩张,在后面时向后延伸。

透视效果:利用透视学原理,将平行直线集中消失到灭点的方法,表现其空间感。

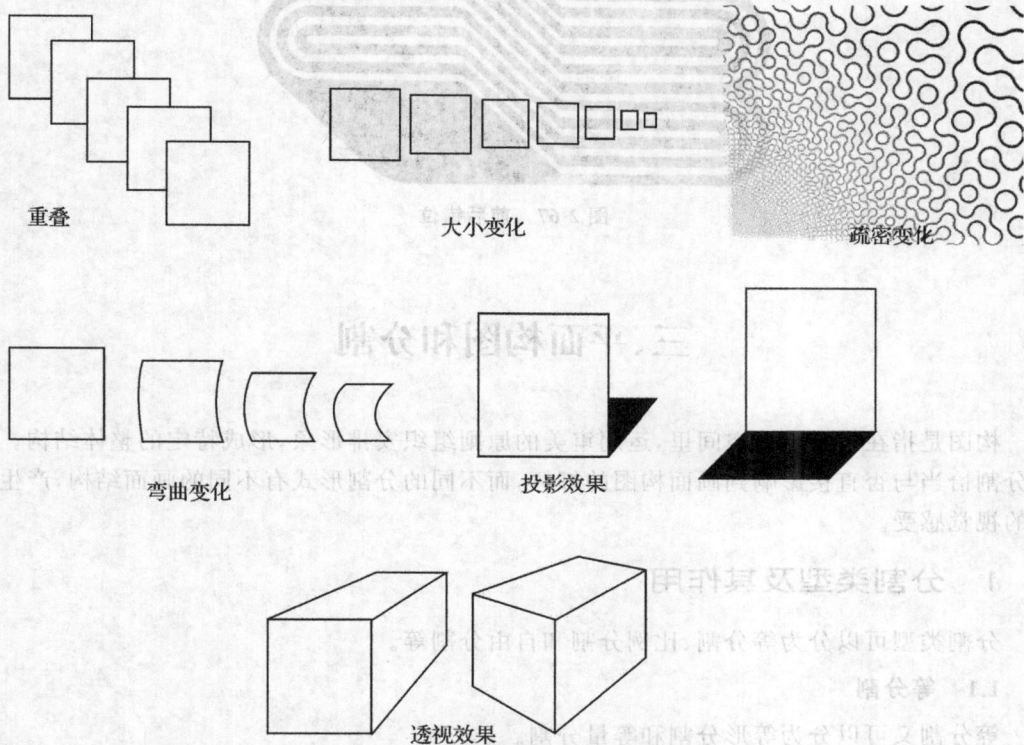

重叠　　　　　　　　　　　大小变化　　　　　　　　　　疏密变化

弯曲变化　　　　　　　　　　投影效果

透视效果

图 2-64　平面空间构成的方法

②矛盾空间的构成方法

共用面:将两个不同视点的形象,以一个共用面紧密地联系在一起,使两种空间知觉并存。

矛盾连接:利用直线、曲线、折线在平面中空间方向的不定性,使形体矛盾连接起来。

前后错位:在平面图形中将形体的空间位置进行错位处理,使后面的图形能跳跃到前面,前面的图形也可以转换到后面,形成交错性图形。

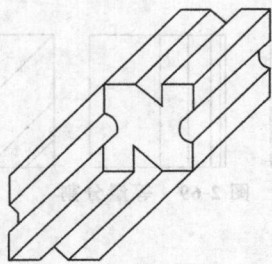

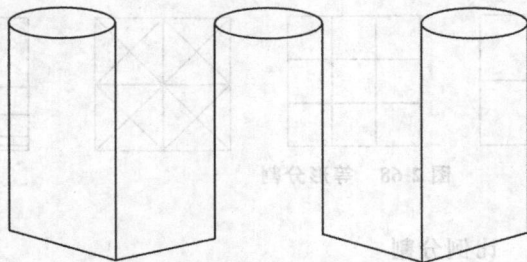

图 2-65　共用面　　　　　　　　　**图 2-66　矛盾连接**

图 2-67　前后错位

三、平面构图和分割

构图是指在有限平面空间里,运用审美的原则组织安排形象,形成特定的整体结构。画面分割恰当与否直接影响到画面构图的好坏,而不同的分割形式有不同的画面结构,产生不同的视觉感受。

1　分割类型及其作用

分割类型可以分为等分割、比例分割和自由分割等。

1.1　等分割

等分割又可以分为等形分割和等量分割。

等形分割:分割后空间的各部分形态相同、面积相同。等形分割造型严谨、整齐、明快,具有稳定和秩序感。

等量分割:分割后空间的各部分形态可以不同,但要求各部分面积比例相同。等量分割造型自由、复杂,在量的感觉上给人以均衡及安定的感觉。

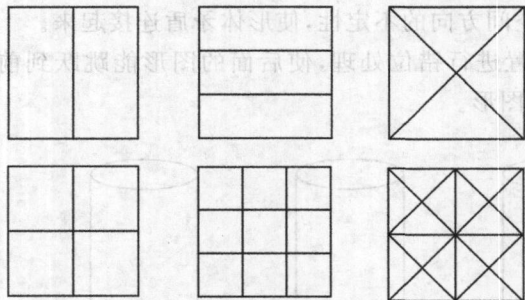
图 2-68　等形分割

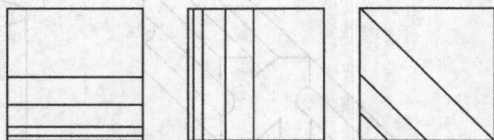
图 2-69　等量分割

1.2　比例分割

利用比例关系,给予一定法则进行形的分割的造型手法,构成具有数理美、秩序美的图形。其作用是形状、面积均按规则变化,具有秩序、明朗的特性。

常见比例如黄金比例;等差数列:$1,3,5,7,9,\cdots,2n-1$;等比数列:$1,2,4,8,16,32,64,\cdots,2^{n-1}$;费波纳齐数列:$0,1,1,2,3,5,8,\cdots,a,b,a+b$等。

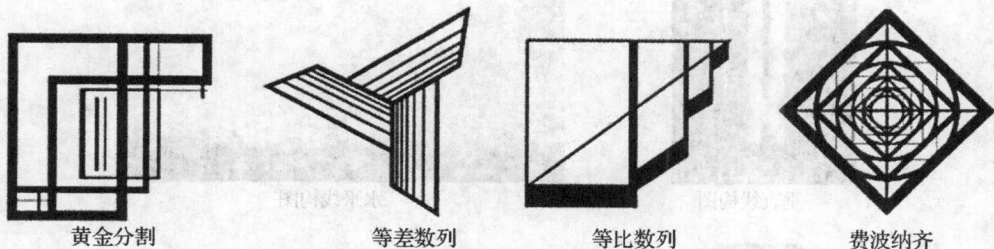

| 黄金分割 | 等差数列 | 等比数列 | 费波纳齐 |

图 2-70　比例分割

1.3　自由分割

不限于直线分割,并且排除数理规则的生硬、单调,极力避免等距离、数列、对称等规则,追求方向、长短、大小、形状的变化。但要具有某种共通的要素,以使整体获得统一。其作用是自由、随意,给人活泼不受约束的感觉。

图 2-71　自由分割

2　构图形式及其作用

画面中形象的主要轮廓之间的联系,可以形成特定的轮廓线,构图中各种线条的组合变化很重要。

2.1　直线构图

垂直线给人以稳定、沉着、庄重之感;水平线表现出安宁、平静的意境;斜线给人倾倒、运动的感觉;对角线是画面中最长的斜线,运动趋势对视觉上的影响也最强烈;十字架构图规整、稳定、肃穆、庄重。

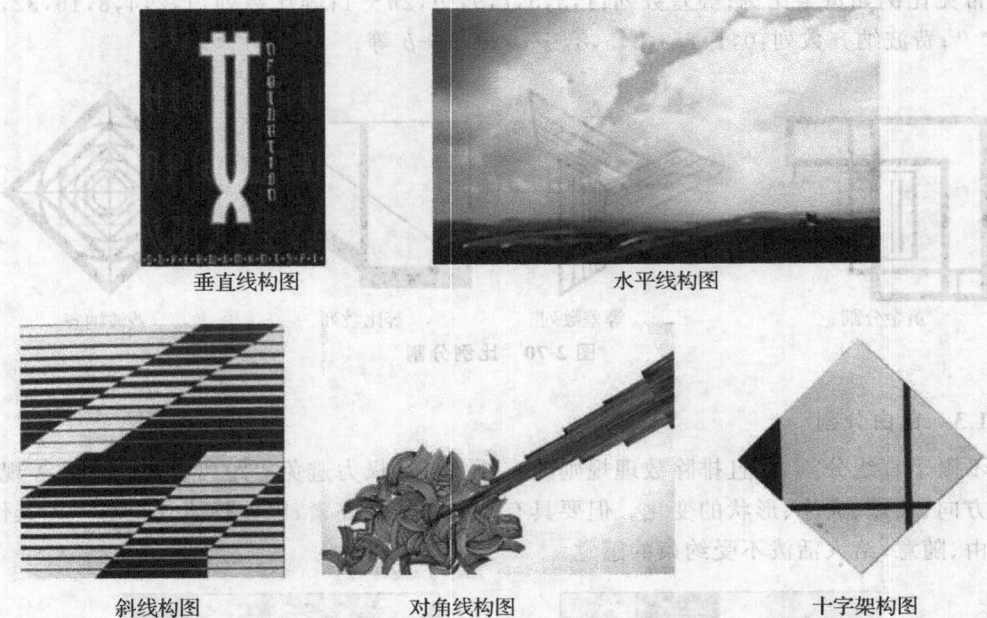

垂直线构图

水平线构图

斜线构图

对角线构图

十字架构图

图 2-72　直线构图

2.2　曲线构图

表现的情绪具有高低、强弱或富于节奏变化性,如 S 形、M 形、V 形、波浪形等。

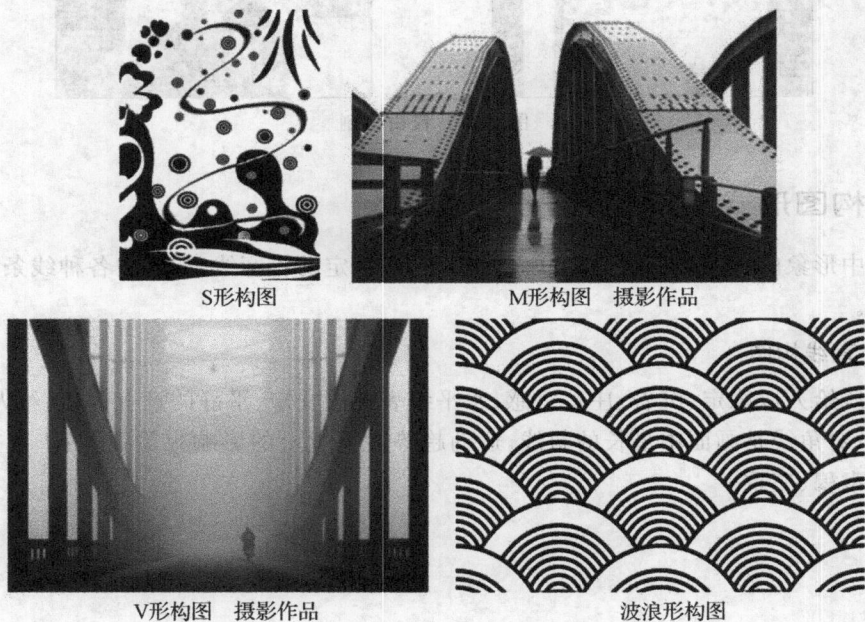

S形构图

M形构图　摄影作品

V形构图　摄影作品

波浪形构图

图 2-73　曲线构图

2.3 形状构图

如三角形、正方形、圆形构图。

三角形构图

正方形构图

圆形构图

图 2-74 形状构图

第三章　园林规划设计原理

一、园林构图的基本规律

与其他艺术门类一样,园林艺术的内容也是通过某种美的形式所表现出来的某种哲理、情调、趣味和理想等构成的寓于园林景象中的思想性。园林各要素之间的相互配合,要遵循形式美的基本规律,如统一与变化、均衡与稳定等。

1　统一与变化

统一与变化是构成形式美的最基本的法则,反映着事物的对立统一关系。统一是指相同、相似的形式要素共同作用,使各要素有机地关联。变化是指强调突出各要素的特点,使画面具有丰富多彩的不同差异性。在变化中有主次之分,要使局部服从整体,使整个画面和谐。只强调统一会单调乏味和缺少生命力,只强调变化则会杂乱无章,要做到"变化中求统一,统一中有变化"。变化的形式多种多样,有形体的变化,如大小、高低、粗细、曲直;方向的变化,如正反、旋转、内外;空间的变化,如前后、上下、左右;色彩的变化,如深浅、浓淡等,都可产生多样化的视觉表现。

园林构图应符合统一中求变化,变化中求统一的辩证关系。园林构图的统一变化,常具体表现在对比与调和、节奏与韵律、主从与重点、联系与分隔等方面。

1.1　对比与调和

对比是将反差很大的元素放置在一起,使人感受到鲜明强烈的差异。对比关系主要通过色调的明暗冷暖,形状的大小粗细、长短、方圆,方向的垂直、水平、倾斜,数量的多少,距离的远近疏密,图底的虚实、黑白、轻重,形象态势的动静等多方面因素来达到,强调主次。

调和是寻求各元素之间的相似性,在对比中加强联系和节奏变化,通过调和使相互冲突的各元素在画面中产生共性,实现画面的和谐。调和的方法也有很多,可以通过共同的形状、质感、明度、空间分布等实现。

对比与调和是取得变化与统一的重要手段。统一的环境发生变化,便会形成对比,而要把不同形式的要素统一在画面中,就需用到调和的方法。

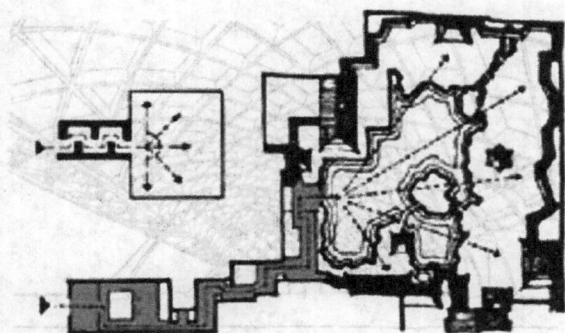

(a)以曲折狭长空间衬托大空间（苏州留园）

(b)中国园林建筑

(c)以低空间衬托高空间（北京火车站）

图 3-1 大小高低的对比

(d)墨西哥大学图书馆

图 3-2 色彩质感的对比

图 3-3 虚实对比

图 3-4 空间对比

1.2 节奏与韵律

节奏与韵律是来自音乐的概念。节奏是按照一定的条理秩序,重复连续地排列,形成一种律动形式。韵律是富于变化的节奏,是节奏中注入个性化的变异形成的丰富而有趣味的反复与交替,它能增强画面的感染力,开阔艺术的表现力。

节奏与韵律是通过形状、色彩、方向、疏密、虚实等等因素有规律地运动变化实现的。它有等距离的连续,也有渐变、起伏、交错的连续排列构成。节奏与韵律是密不可分的统一体,是美感的共同语言。构成节奏韵律的方法很多,常见的有简单韵律、渐变韵律、起伏曲折韵律、拟态韵律、交错韵律等。

图 3-5　连续韵律

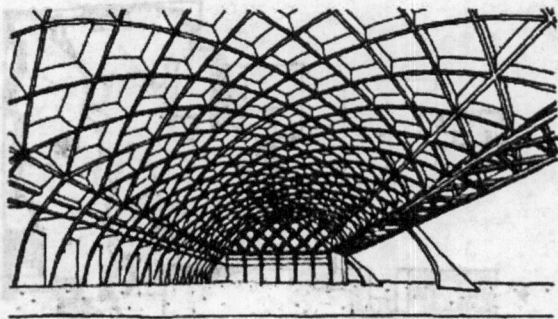

图 3-6　交错韵律

图 3-7　起伏韵律

图 3-8　渐变韵律

1.3　主从与重点

1.3.1　主与从

园林布局中的主要部分(或主体)与从属部分,一般都是由功能使用要求决定的,从平面布局上看,主要部分常成为全园的主要布局中心,次要部分为次要的布局中心,次要布局中心既有相对独立性,又要从属于主要布局中心,要互相联系与呼应。主从关系的处理方法有组织轴线,让主体位于主要轴线上;通过位置安排,让主体位于中心位置或最突出的位置,从而分清主次;运用对比手法,互相衬托,从而突出主体。

1.3.2　重点与一般

重点处理常用于园林景物的主体和主要部分,以使其更加突出。重点处理不能过多,以免流于繁琐,反而不能突出重点。常用的处理方法如下:

1.3.2.1　以重点处理来突出表现园林功能和艺术内容的重要部分,使形式更有力地表达内容。如主要入口,重要的景观、道路和广场等。

1.3.2.2　以重点处理来突出园林布局中的关键部分,如主要道路交叉转折处和结束部分等。

1.3.2.3　以重点处理打破单调,加强变化或取得一定的装饰效果,如在大片草地、水面部分,在边缘或地形曲折起伏处做重点处理等。

1.4　联系与分隔

园林绿地都是由若干功能使用要求不同的空间或者局部组成,它们之间都存在必要的联系与分隔;一个园林建筑的室内与庭院之间也存在联系与分隔的问题。园林布局中的联系与分隔是组织不同材料、局部、体形、空间,使它们成为一个完美的整体的手段,也是园林布局中取得统一与变化的手段之一。表现在以下几个方面:

1.4.1　园林景物的体形和空间组合的联系与分隔

园林景物的体形和空间组合的联系与分隔,主要取决于功能使用的要求,以及建立在这个基础上的园林艺术布局的要求,为了取得联系的效果,常在有关的园林景物与空间之间安排一定的轴线和对应的关系,形成互为对景或呼应,利用园林中的植物、土丘、道路、台阶、挡土墙、水面、栏杆、桥、花架、廊、门窗等作为联系与分隔的构件。

1.4.2　立面景观上的联系与分隔

立面景观上的联系与分隔,是为了达到立面景观完整的目的。有些园林景物由于使用功能要求不同,形成性格完全不同的部分,容易造成不完整的效果,如在自然的山形下面建造建筑,若不考虑两者之间立面景观上的联系与分隔,往往显得很生硬。

分隔就是因功能或者艺术要求将整体划分成若干局部,联系是因功能或艺术将若干局部组成一个整体。联系与分隔是求得完美统一的园林布局整体的重要手段之一。

上述对比与调和、节奏与韵律、主从与重点、联系与分隔都是园林布局中统一与变化的手段,也是统一与变化在园林布局中各方面的表现。在这些手段中,调和、主从、联系常作为变化中求统一的手段,而对比、重点、分隔则更多地作为统一中求变化的手段,在园林布局中,必须综合地,而不是孤立地运用上述手段,才能取得统一而又变化的效果。

2　均衡与稳定

由于园林景物是由一定的体量和不同材料组成的实体,因而常常表现出不同的重量感。探讨均衡与稳定的原则,是为了获得园林布局的完整和安全感。稳定是指园林布局的整体上下轻重的关系而言,而均衡是指园林布局中部分与部分的相对关系,例如左与右、前与后的轻重关系等。

2.1　均衡

在园林布局中要求园林景物的体量关系符合人们在日常生活中形成的平衡安定的概念,所以除少数动势造景外(如悬崖、峭壁等),一般艺术构图都力求均衡。均衡可分为对称均衡和不对称均衡。

2.1.1　对称均衡

对称均衡是有明确的轴线,在轴线左右完全对称。对称均衡布局常给人庄重严整的感觉,规则式的园林绿地中采用较多,如纪念性园林、公共建筑的前庭绿化等。

对称均衡小至行道树的两侧对称、花坛、雕塑、水池的对称布置,大至整个园林绿地建筑、道路的对称布局。

2.1.2　不对称均衡

在园林绿地的布局中,由于受功能、组成部分、地形等各种复杂条件制约,往往很难也没有必要做到绝对对称,在这种情况下常采用不对称均衡的手法。

不对称均衡的布置要综合衡量园林绿地构成要素的虚实、色彩、质感、疏密、线条、体形、数量等给人产生的体量感觉,切忌单纯考虑平面的构图。

不对称均衡的布置小至树丛、散置山石、自然水池;大至整个园林绿地、风景区的布局。

给人以轻松、自由、活泼变化的感觉，广泛应用于一般游览休息性的自然式园林绿地中。

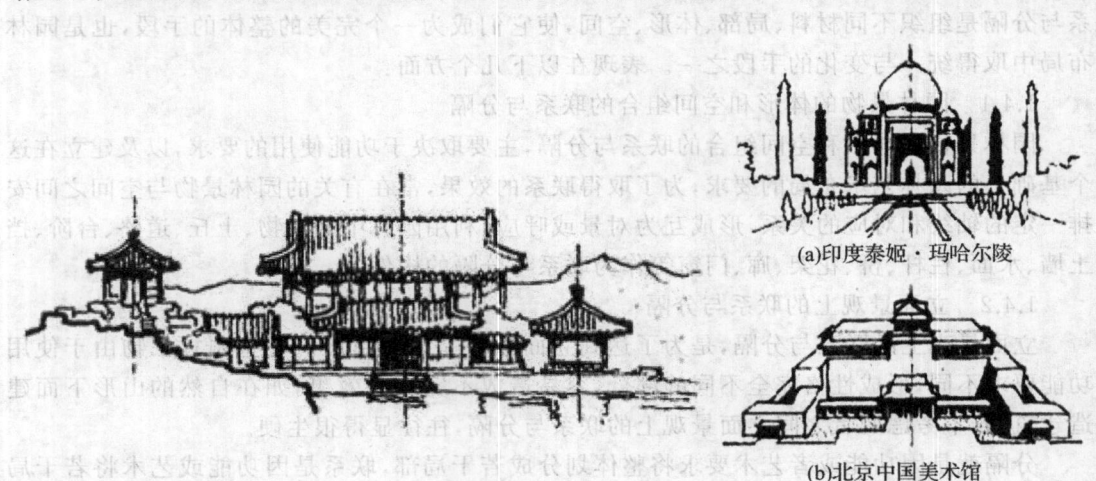

(a)印度泰姬·玛哈尔陵

(b)北京中国美术馆

图 3-9　不对称均衡　　　　　图 3-10　对称均衡(引自《形式美法则》)

2.2　稳定

园林布局中的稳定是指园林建筑、山石和园林植物等上下、大小所呈现的轻重感的关系而言的。在园林布局上，往往在体量上采用下大而向上逐渐缩小的方法来取得稳定坚固感，如中国古典园林中塔、阁等；另外在园林建筑和山石处理上也常利用材料、质地所给人的不同的重量感来获得稳定感，如在建筑的基部墙面多用粗石和深色的表面来处理，而上层部分采用较光滑或色彩较浅的材料，在土石山上也往往把山石设置在山麓部分而给人以稳定感。

3　比例与尺度

园林绿地是由植物、建筑、山石、水体、道路场地等组成的，它们之间都有一定的比例与尺度关系。比例包含两方面的意义，一方面是指园林景物、建筑整体或者它们的某个局部构件本身的长、宽、高之间的大小关系；另一方面是园林景物、建筑物整体与局部或局部与局部之间空间形体、体量大小的关系。尺度是景物、建筑物整体和局部构件与人或人所习见的某些特定标准的大小关系。

园林的大小差异很大。承德避暑山庄、颐和园等皇家园林都是面积很大的园林，其中建筑物的规格也很大；而江南私家园林，规模都比较小，建筑、景观常利用比例来突出以小见大的效果。

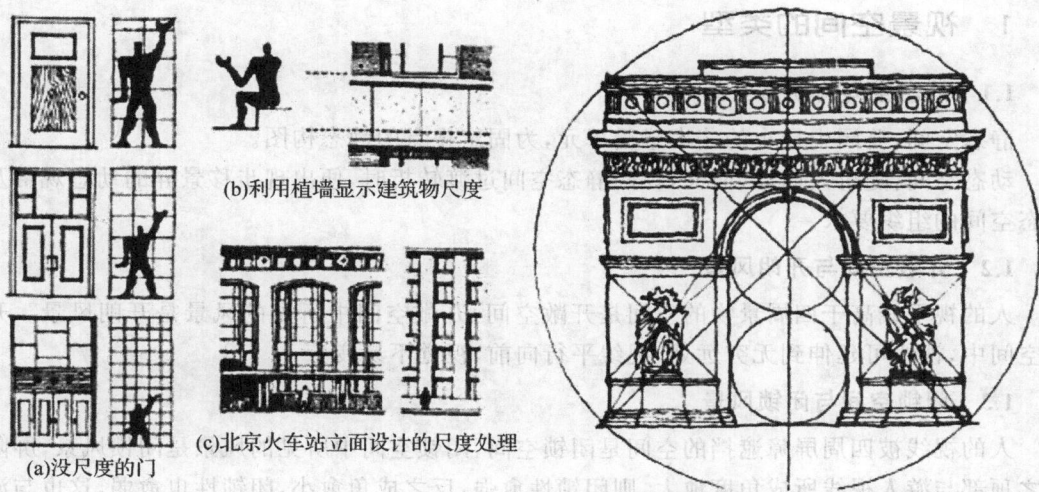

(b)利用植墙显示建筑物尺度

(c)北京火车站立面设计的尺度处理

(a)没尺度的门

巴黎凯旋门的几何分析：建筑物的整体外轮廓为一正方形，立面上若干控制点分别与几个同心圆的圆心重合。

图 3-11　比例与尺度

4　比拟联想

园林构图中运用比拟联想的方法有如下几种：

4.1　概括名山大川的气质，模拟自然山水风景，创造"咫尺山林"的意境，使人有"真山真水"的感受，联想到名山大川，天然胜地。若处理得当，则产生"一峰则太华千寻，一勺则江湖万里"的联想，这是以人力巧夺天工的"弄假成真"。中国古典园林在模拟自然山水手法上有独到之处，善于综合运用空间组织、比例尺度、色彩质感、视觉感受等等，使散置的山石有平岗山峦之感，使池水有蜿蜒不尽之意，给人无尽联想。

4.2　运用植物的姿态、特征，给人以不同的感染，产生比拟联想。如"松、竹、梅"有"岁寒三友"之称，"梅兰竹菊"有"四君子"之称，在园林绿地中适当运用，增加意境。

4.3　运用园林建筑、雕塑造型产生的比拟联想。如蘑菇亭、月洞门、水帘洞等。

4.4　遗址访古产生的联想，如圆明园遗址。

4.5　风景题名、题咏、对联匾额、摩崖石刻所产生的比拟联想。

二、园林空间组织

园林空间组织的目的首先是在满足使用功能的基础上，运用各种艺术构图的规律创造既突出主题，又富于变化的园林风景；其次是根据人的视觉特性创造良好的景物观赏条件，使一定的景物在一定的空间里获得良好的观赏效果。

1　视景空间的类型

1.1　静态空间与动态空间

静态空间：公园中最小的艺术感受单元，为固定视点的静态构图。

动态空间：随游人而动、而变，在两静态空间过渡转折时，便出现步移景异的动态观赏及动态空间的组织要求。

1.2　开敞空间与开朗风景

人的视平线高于四周景物的空间是开敞空间，开敞空间中所见的风景是开朗风景。开敞空间中，视线可延伸到无穷远处，视线平行向前，视觉不易疲劳。

1.3　闭锁空间与闭锁风景

人的视线被四周屏障遮挡的空间是闭锁空间，闭锁空间中所见的风景是闭锁风景，屏障物之顶部与游人视线所成角度愈大，则闭锁性愈强，反之成角愈小，闭锁性也愈弱，这也与游人和景物的距离有关，距离越小，闭锁性越强，距离越大，闭锁性越弱。闭锁风景，近景感染力强，四周景物，可琳琅满目，但久赏易感闭塞，易觉疲劳。大体上，闭合空间仰角从 6°～13°风景效果逐渐下降；18°后有闭塞感；当空间直径大于周围景物 10 倍（仰角 6°），较差；在 10～3 倍时效果逐渐提高；但若小于 3 倍时，空间闭塞效果下降（3 倍时，仰角 18°）。因此林中草地、水面四周植树时，树木山石高度与空地水面相比可在 1：3～1：10 变化。

园林中的空间构图，不能片面强调开朗，也不要片面强调闭锁。同一园林中，既要有开朗的局部，也要有闭锁的局部，开朗与闭锁综合应用，开中有合，合中有开，两者共存，相得益彰。

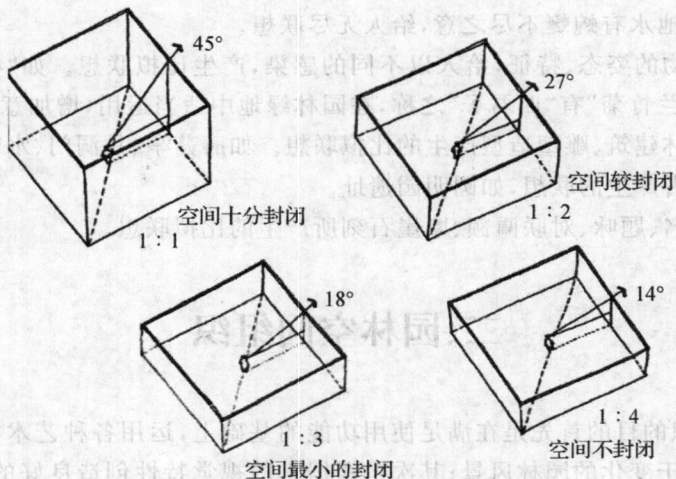

图 3-12　高宽比与空间封闭性的关系

1.4　纵深空间与拱穹空间

在狭长的空间中，如道路、河流、山谷两旁有建筑、密林、山丘等景物阻挡视线，这狭长的空间叫纵深空间,视线的注意力很自然地被引导到轴线的端点,这种风景也叫聚景。

拱穹空间:在岩洞、地下溶洞中利用拱穹形顶界面及四周竖界面所组成的空间。地、顶、墙常成为特色景观,如影剧院、天文馆、温室。

2　空间处理

2.1　空间的组织

应从单个空间本身和不同空间之间的关系考虑。对于单个空间,主要考虑大小尺度、封闭性、构成方式、构成要素特征(质感、色彩)等;对于多空间,则应考虑空间的对比、渗透、序列。

空间组织与园林绿地构图关系密切,空间有室内、室外之分,建筑设计多注意室内空间的组织,建筑群与园林绿地规划设计,则多注意室外空间的渗透过渡。此外,大尺度空间壮观、感染力强、让人肃然起敬,如皇家园林;小尺度空间亲切怡人,如私家园林。

2.2　空间的转折

空间转折有急转与缓转之分。在规则式园林空间中常用急转,如在主轴线与副轴线的交点处。在自然式园林空间中常用缓转,缓转有过渡空间,如在室内外空间之间设有空廊、花架之类的过渡。

2.3　园林空间的分隔手法

两空间分隔的手法有虚分与实分。两空间干扰不大,须互通气息者可虚分,如用疏林、空廊、漏窗、水面等。两空间功能不同、动静不同、风格不同宜实分,可用密林、山阜、建筑、实墙来分隔。虚分是缓转,实分是急转。

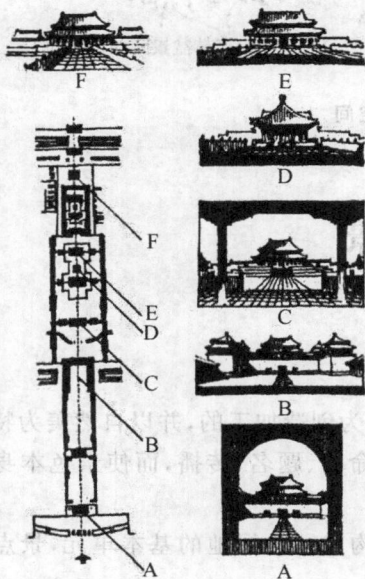

图 3-13　紫禁城空间序列组织　　　图 3-14　苏州留园窗景多层次空间渗透

(a)以直立面分隔空间求得渗透

(b)利用玻璃围护建筑求得内外空间渗透

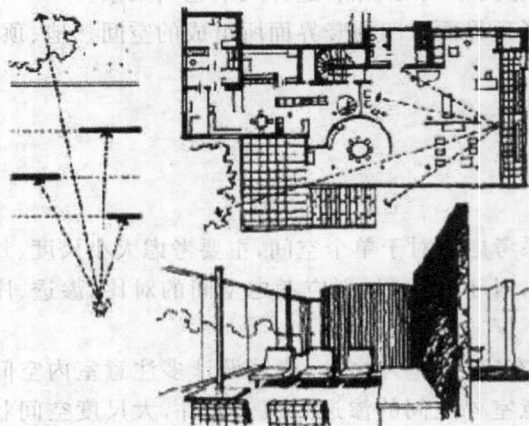

图 3-15 多层次空间渗透　　　　　图 3-16 空间渗透和层次

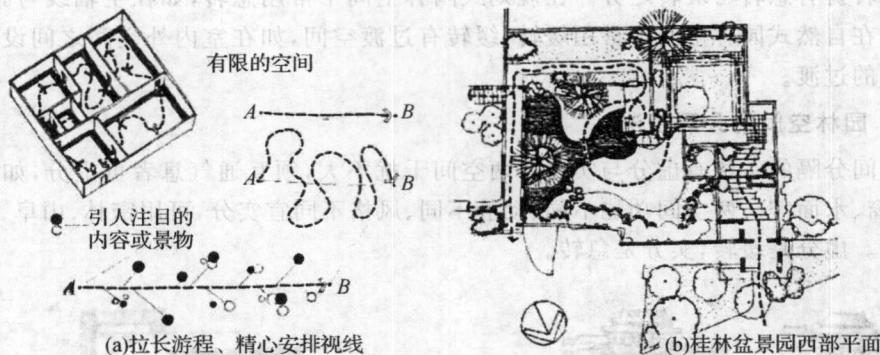

(a)拉长游程、精心安排视线

(b)桂林盆景园西部平面

图 3-17 拉长游程扩大空间

三、赏景和造景

1 景、景点和景区

景:即风景、景致,是指在园林绿地中自然的或经人为创造加工的,并以自然美为特征的供作游息欣赏的空间环境。景的名称多以景的特征来命名、题名、传播,而使景色本身具有更深刻的表现力和强烈的感染力而闻名天下。

景点:凡有欣赏价值的观赏点便可称为景点,它是构成园林绿地的基本单元,景点可大可小,小至一株树,大至一组小品等。

景区:景区由若干景点组成,如我国传统园中园、景中景的手法,即划分出若干景区,各景区应有自身内容和特点,具有一定的景观识别性并服从主题,如杭州西湖"花港观鱼"以花、港、鱼为观赏特点,分为红鱼池、牡丹园、花港、大草坪、密林地等五大景区。

2　景的感受

景可以通过人的眼、耳、鼻、舌、身等感官来接受,不同的景能引起不同的感受。大多数的景主要是观看,如花港观鱼;也有一些景可通过耳听,如"风泉清听";有的景是可闻的,如闻木樨香;有的是可品味的,如龙井品茶。

3　赏景

3.1　静态观赏与动态观赏

景的观赏可分为动态观赏和静态观赏。园林绿地规划应从动与静两方面要求来考虑。为满足动态观赏的要求,应该安排一定的风景路线,每条风景路线的安排应达到步移景异的效果,形成一个循序渐进的连续观赏过程。如对一些情节特别感兴趣的,要进行细部观赏,为满足静态观赏的要求,可以穿插配置一些能激发人们进行细致鉴赏,具有特殊风格的近景、特写景等。

3.2　观赏点与观赏视距

游人观赏所在位置称为观赏点或视点。观赏点与景物之间的距离,称为观赏视距。观赏视距适当与否和观赏艺术效果关系很大。

识辨视距:正常人的清晰视距为 $25\sim30$ cm,明确看到景物细部的距离为 $30\sim50$ m,能识别景物的视距为 $250\sim270$ m,能辨认景物轮廓的视距为 500 m,能明确发现物体的视距为 $1300\sim2000$ m,但这已没有最佳的观赏效果了。

最佳视域:人在观赏景物时,有一个视角范围称为视域或视场。人的正常静观视场,垂直视角为 $130°$,水平视角为 $160°$。但按照人的视网膜一般平视静观的情况下,水平视角不超过 $45°$、垂直视角不超过 $30°$ 为原则。

适合视距:人在观赏景物时,景物界面的长度和宽度对于确定适合视距有很大影响。欲将景物的高度纳入最佳垂直视域,其适合视距为:

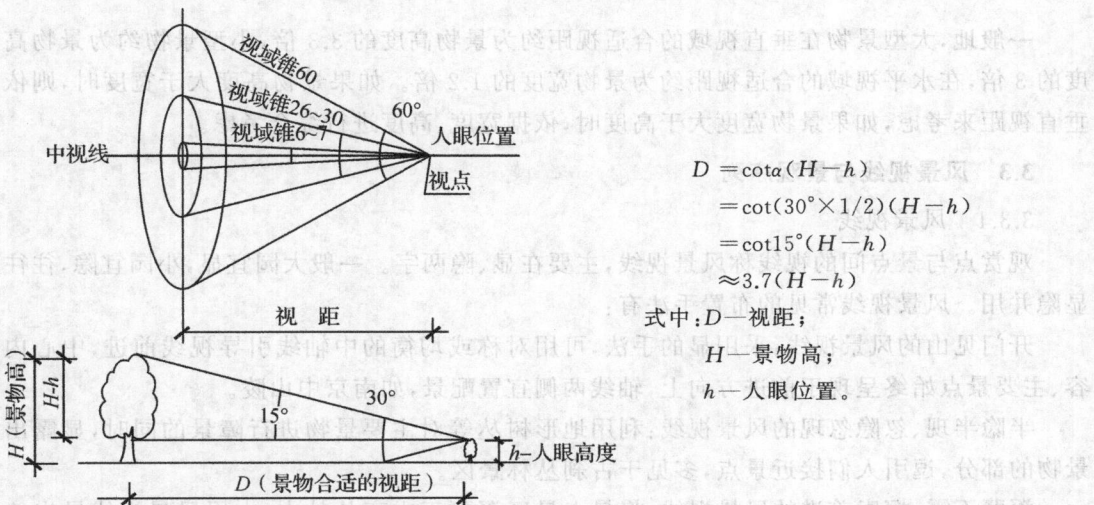

$$D = \cot\alpha(H-h)$$
$$= \cot(30°\times 1/2)(H-h)$$
$$= \cot 15°(H-h)$$
$$\approx 3.7(H-h)$$

式中:D—视距;
　　　H—景物高;
　　　h—人眼位置。

图 3-18　垂直视域

在这里,对景物观赏的最佳视点有三个位置,即垂直视角为 18°(景物高的 3 倍距离)、27°(景物高的 2 倍距离)、45°(景物高的 1 倍距离)。景物高的 3 倍距离,是全景最佳视距;景物高的 2 倍距离,是景物主体最佳视距;景物高的 1 倍距离,是景物细部最佳视距。

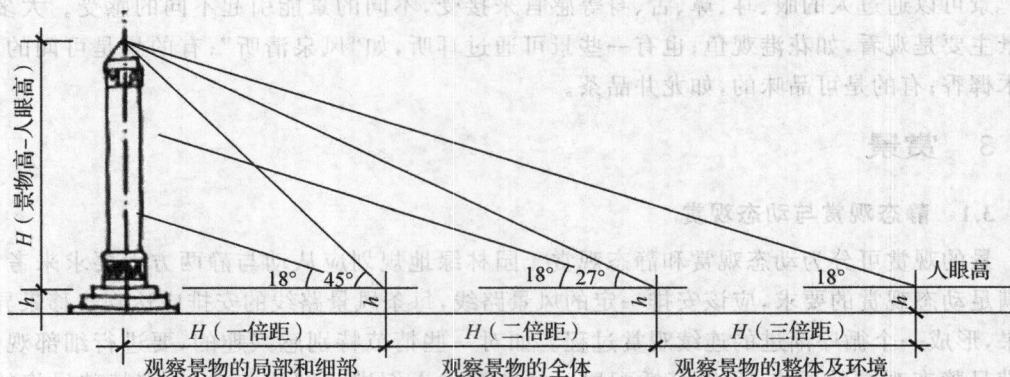

图 3-19　视距分析

欲将景物的宽度纳入最佳水平视域,其适合视距为:

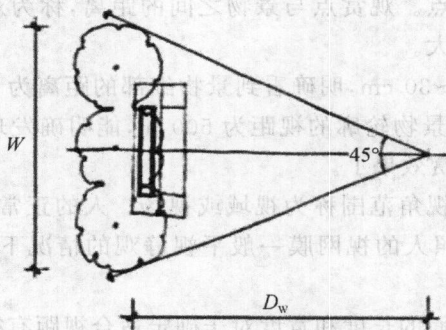

$$D = \cot\alpha W/2$$
$$= \cot(45° \times 1/2) \times W/2$$
$$= 1.2W$$

式中:D——视距;

W——景物宽度。

图 3-20　水平视域

一般地,大型景物在垂直视域的合适视距约为景物高度的 3.3 倍,小型景物约为景物高度的 3 倍,在水平视域的合适视距约为景物宽度的 1.2 倍。如果景物高度大于宽度时,则依垂直视距来考虑,如果景物宽度大于高度时,依据宽度、高度进行综合考虑。

3.3　风景视线与景观序列

3.3.1　风景视线

观赏点与景点间的视线称风景视线,主要在显、隐两字。一般大园宜显,小园宜隐,往往显隐并用。风景视线常见的布置手法有:

开门见山的风景视线:采用显的手法,可用对称或均衡的中轴线引导视线前进,中心内容、主要景点始终呈现于前进方向上,轴线两侧宜置配景,如南京中山陵。

半隐半现、忽隐忽现的风景视线:利用地形树丛等对主要景物进行障景的同时,显露出景物的部分,逗引人们接近景点,多见于古刹丛林景区。

深藏不露、探索前进的风景视线:将景点景区深藏于山峦丛林中,由甲风景视线导出乙线，再引导至丙线、丁线等，其间景点或串或并，视线可正面而入或侧面迎上，也可由后部较小空间导入，再回后观赏，形成峰回路转、柳暗花明、深谷藏幽、豁然开朗的空间变化，如《桃花源记》中所描述的游览路径。

3.3.2　景观序列

风景视线是紧密相联系的，要求有戏剧性的安排，音乐般的节奏，既有起景、高潮、结景空间，又有过渡空间，使空间主次分明，开闭、聚散适当，大小尺度相宜。清代钱泳在《履园丛话》表述："造园如作诗文，必使曲折有法，前后呼应，最忌堆砌，最忌错杂，方称佳构。"常见的布局形式有：

两段式布局：¹序景—起景—转折—²高潮（结尾）—尾景，多见于内容较少的小公园。

三段式布局：¹序景—起景—发展—转折—²高潮—转折—收缩—结景—³尾景，多见于面积较大且内容丰富的大公园。

路线组织：小园路线宜迂回、占边，道路可高可低，可弯可直，可为环形，避免重复；大园宜将景区沿路外侧布置，有初游与常游之区别，常游宜设捷径，应适当隐藏。

4　造景手法

4.1　主景与配景

景有主景与配景之分。在园林绿地中起到控制作用的景叫"主景"，它是整个园林绿地的核心、重点，往往呈现主要的使用功能或主题，是全园视线控制的焦点。主景包含两个方面的含义，一是指整个园林中的主景，二是园林中被园林要素分割的局部空间的主景。配景起衬托作用，可使主景突出，在同一空间范围内，许多位置、角度都可以欣赏主景，而处在主景之中，此空间范围内的一切配景，又成为欣赏的主要对象，所以主景与配景是相得益彰的。突出主景的方法有：

升高主体：通过升高主景，相对地使视点降低，造成对主景的仰视。

运用轴线和风景视线的焦点：在主景前方两侧进行配置，以强调陪衬主景。对于有明显中轴线的，主景可布置在中轴线的终点。此外也常布置在园林纵横轴线的相交点、放射轴线的焦点或风景透视线的焦点上。

运用动势向心：一般四面环抱的空间，如水面、广场、庭院等，四周次要的景色往往具有动势，趋向于一个视线的焦点，可将主景布置在这个焦点上。

运用空间构图的重心将主景布置在构图的重心处。规则式园林构图，主景常居于几何中心，而自然式园林构图，主景常位于自然重心上。

图 3-21　颐和园佛香阁

图 3-22　留园冠云峰

4.2　前景、中景、远景

景色就空间距离层次而言有前景、中景、远景与全景。前景是近视范围较小的单独风景,园林常见的前景处理方法有框景、夹景、漏景和添景;中景是目视所及范围的景致;远景是辽阔空间伸向远处的景致,相应于一个较大范围的景色;全景可以作为园林开旷处瞭望的景色,也可以作为登高处鸟瞰全景的背景。合理安排前景、中景与远景,可以加深景的画面,富有层次感,使人获得深远的感受。

4.3　对景与分景

为了创造不同的景观,满足游人对各种不同景物的欣赏,园林绿地进行空间组织时,对景与分景是两种常见的手法,其中分景又可分为障景和隔景。

4.3.1　对景

位于园林绿地轴线及风景视线端点的景叫对景。为了观赏对景,要选择最精彩的位置,设置场所供游人休息逗留,以作为观赏点。景可以正对,也可以互对。正对多是为了达到雄伟、庄严、气魄宏大的效果,在轴线的端点设景点。互对是在园林绿地轴线或风景视线两端点设景点,互成对景,互对不一定有非常严格的轴线,可以正对,也可以有所偏离。

4.3.2　分景

中国园林含蓄有致,意味深长,忌"一览无余"。分景常用于划分园林空间,使之园中有园,景中有景,园景虚虚实实,景色丰富多彩,空间变化多样。分景按其划分空间的作用和艺术效果,可分为障景和隔景。

障景:在园林绿地中,凡能抑制视线,引导空间屏障景物的手法。障景有土障、山障、树障、曲障等。多于入口处,并高于游人视线,可用建筑、雕塑、景墙、假山植物等。障景是中国造园的特色之一,有"山重水复疑无路,柳暗花明又一村"的感觉。障景还能遮蔽有碍观瞻的部分,可障远也可障近,而障景本身又可自成一景。

隔景:凡将园林绿地分隔为不同空间、不同景区的手法称为隔景。隔景可以避免各景区的互相干扰,增加园景构图变化,隔断部分视线及游览路线,使空间"小中见大"。隔景的方法和题材很多,可隔断部分空间及路线,有实隔、虚隔之分。实隔是隔断视线,虚隔是隔而未断,视线依然通透,如堤、岛、桥的分隔。

图 3-23　假山障景

图 3-24　屏风障景

4.4　框景、夹景、漏景、添景

框景:空间景物不尽可观,或于平淡间有可取之景。利用门框、窗框、树框、山洞等,有选择地摄取另一空间的优美景色。如先有景,景框应朝向主要观赏方向;如先有框,景物应设于对景方向。

夹景：远景在水平方向视界很宽，但并非景色皆有可观之处，因此，为了突出理想的景色，常将左右两侧以树丛、土山或建筑等加以屏障，于是形成左右遮挡的狭长空间，这种手法叫夹景。夹景是运用轴线、透视线突出对景的手法之一，可增加园景的深远感。

漏景：漏景是从框景发展而来的。框景景色全观，漏景若隐若现、含蓄雅致。漏景可以用漏窗、漏墙、漏屏风、疏林等手法。

添景：当风景点与远方之间没有其他中景、近景过渡时，为求主景或对景有丰富的层次感，加强远景"景深"的感染力，常做添景处理。添景可用建筑的一角或建筑小品、树木花卉等，在狭小水面上可汀步、小桥、石头等。

图 3-25 框景

图 3-26 夹景

图 3-27 漏景

图 3-28　添景

4.5　借景

借景是指在视力所及的范围内,将好的景色组织到园林视线中的手法,借景是中国园林艺术的传统手法。一座园林的面积和空间是有限的,为了扩大景物的深度和广度,丰富游赏的内容,除了运用多样统一、迂回曲折等造园手法外,造园者常常运用借景的手法,收无限于有限之中。明代计成在《园冶》中说:"园林巧于因借,精在体宜⋯⋯借者,园虽别内外,得景则无拘远近,晴峦耸秀,绀宇凌空,极目所至,俗则屏之,嘉则收之。"

4.5.1　借景种类

借景因距离、视角、时间、地点等不同而有所不同,通常可分为直接借景和间接借景。

4.5.1.1　直接借景

近借:在园中欣赏园外近处的景物。

远借:在不封闭的园林中看远处的景物,例如靠水的园林,在水边眺望开阔的水面和远处的岛屿。

邻借:在园中欣赏相邻园林的景物。

互借:两座园林或两个景点之间彼此借取对方的景物。

仰借:在园中仰视园外的峰峦、峭壁或邻寺的高塔。

俯借:在园中的高视点俯瞰园外的景物。

因时而借:"造景所藉,切要四时。"借一年中的某一季节或一天中某一时刻的景物,主要是借天文景观、气象景观、植物季相变化景观和即时的动态景观。

4.5.1.2　间接借景

间接借景是一种借助水面、镜面映射与反射物体形象的构景方式。由于静止的水面能够反射物体的形象而产生倒影,镜面或光亮的反射性材料能映射出相对空间的景物。所以,这种景物借构方式能使景物视感格外深远,有助于丰富自身表象以及四周景色,构成绚丽动人的景观。

4.5.2　借景手法

开辟赏景透视线:对于赏景的障碍物进行整理或去除,譬如修剪掉遮挡视线的树木枝叶等。在园中建轩、榭、亭、台等,作为视景点,仰视或平视景物,纳烟水之悠悠,收云山之耸翠,看梵宇之凌空,赏平林之漠漠。

提升视景点的高度:使视景线突破园林的界限,取俯视或平视远景的效果。在园中堆山,筑台,建造楼、阁、亭等,让游者放眼远望,欲穷千里目。

借虚景:如圆明园四十景中的"上下天光",俯借了"天光云影";上海豫园中花墙下的月洞,透露了隔院的水榭。

4.5.3 借景内容

借山、水、动物、植物、建筑等景物:如远岫屏列、平湖翻银、水村山郭、晴岚塔影、飞阁流丹、楼出霄汉、蝶雉斜飞、长桥卧波、田畴纵横、竹树参差、鸡犬桑麻、雁阵鹭行、丹枫如醉、繁花烂漫、绿草如茵、春借桃柳、夏借塘荷、秋借丹枫、冬借飞雪。

借人为景物:如寻芳水滨、踏青原上、吟诗松荫、弹琴竹里、远浦归帆、渔舟唱晚、古寺钟声、梵音诵唱、酒旗高飘、社日箫鼓。

借天文气象景物:如日出、日落、朝晖、晚霞、圆月、弯月、蓝天、星斗、云雾、彩虹、雨景、雪景、春风、朝露、朝借旭日、晚借夕阳等。

借声组景:如鸟唱蝉鸣、鸡啼犬吠、松海涛声、残荷夜雨;远借晨钟暮鼓,近借溪谷泉声、林中鸟语;春借柳岸莺啼,秋借雨打芭蕉。

图 3-29 借景

4.6 点景

创作设计园林题咏称为点景手法。中国园林善于抓住每一景点,根据它的性质、用途,结合空间环境的景象和历史,高度概括,常作出形象化、诗意浓、意境深的园林题咏,其形式多样,有匾额、对联、石碑、石刻、中堂、诗文等。

点景常用比拟和联想的手法,从而引发鉴赏者类似的情念激励和理念联想,寓情于景,进而触景生情、情景交融,使意境更深,如扬州个园的四季假山,"春山淡冶如笑,夏山苍翠如滴,秋山明净如妆,冬山惨淡如睡"。

图 3-30 碑刻

图 3-31 对联

4.7 景点命名

一个优秀的景观设计,不光止于平面布局的合理、景观结构的良好、景点设计的别致,各个景点的命名也尤为重要。一般来说,景点的命名要形象贴切,符合场地特征,同时需要有较强的文化内涵,高雅别致,引人遐想,让人铭记,用字上以三字、四字多见。

四、园林绿地布局

园林绿地布局是在工程、技术、经济可能的条件下,把园林物质要素(包括材料、空间、时间)有序组合起来,并与周围环境紧密联系,使整体协调,取得绿地形式美与内容高度统一的创作技法。

1 园林绿地布局要求

园林是一种立体空间艺术,园林绿地布局是以自然美为特征的空间环境规划设计,绝不是单纯的平面构图和立面构图。因此,园林绿地布局要善于利用地形、地貌、自然山水、绿化植物等创造优美的环境景观。

园林绿地要根据工程技术、生物学要求和经济上的可能性进行布局。先确定主题思想,即意在笔先,再按照功能进行分区,景色分区要各有特色又要多样统一,还必须与园林绿地的实用功能相统一,要根据园林绿地的性质、功能用途确定其设施与形式。

园林绿地布局的要素如园林植物、山水等的景观都随时间、季节而变化。春、夏、秋、冬植物景色各有特色,使景观变化无穷。

园林绿地布局受地区自然条件的制约性很强。不同地区的自然条件,如日照、气温、湿度、土壤等各不相同,其自然景观也不相同,园林绿地只能因地制宜,随势造景,景因境出。

2 园林绿地布局的形式

2.1 规则式园林

又称整形式、图案式或几何式园林。西方园林多以规则式园林为主,其中以文艺复兴时期意大利台地园林和17世纪法国勒诺特平面图案式园林为代表。这类园林以建筑和建筑式空间布局作为园林风景表现的主要题材,给人的感觉是雄伟、整齐、庄严。规则式园林的主要特点如下:

地形地貌:在平原地区,由不同标高的水平面及缓倾斜的平面组成。在山地及丘陵,由阶梯式的大小不同的水平台地、倾斜平面及石级组成。

水体设计:外形轮廓均为几何形。多采用整齐式驳岸,园林水景的类型以整形水池、壁泉、整形瀑布及运河等为主,其中常以喷泉作为水景的主题。

建筑布局:园林中不仅个体建筑采用中轴对称均衡的设计,以至建筑群和大规模建筑组群的布局,也采取中轴对称均衡的手法,以主要建筑群和次要建筑群形式的主轴和副轴控制全园。

道路广场：园林中的空旷地和广场外形轮廓均为几何形。封闭性的草坪、广场空间，以对称建筑群或规则式林带、树墙包围。道路均为直线、折线或几何曲线组成，构成方格形或环状放射形，中轴对称或不对称的几何布局。

种植设计：园内花卉布置用以图案为主题的模纹花坛和花境为主，有时布置成大规模的花坛群，树木配置以行列式和对称式为主，并运用大量的绿篱、绿墙以区划和组织空间。树木整形修剪以模拟建筑体形和动物形态为主，如绿柱、绿塔、绿门、绿亭和用常绿树修剪而成的鸟兽等。

其他景物：除建筑、花坛群、规则式水景和大量喷泉为主景以外，其余常采用盆树、盆花、瓶饰、雕像为主要景物。雕像的基座为规则式，雕像位置多配置于轴线的起点、终点或交点上。

2.2　自然式园林

自然式园林又称为风景式、不规则式园林等。中国园林无论大型的帝皇苑囿和小型的私家园林，多以自然式山水园林为主，如北京颐和园、承德避暑山庄、苏州拙政园和留园等。自然式园林的主要特点如下：

地形地貌：平原地带，地形为自然起伏的和缓地形与人工堆置的若干自然起伏的土丘相结合，其断面为和缓的曲线。在山地和丘陵，则利用自然地形地貌，除建筑和广场基地以外不做人工阶梯形的地形改造工作，原有破碎割切的地形地貌也不加以人工整理，使其自然。

水体：其岸线轮廓为自然的曲线，如有驳岸也是自然山石驳岸，园林水景的类型以溪涧、河流、自然式瀑布、池沼、湖泊等为主。

建筑：园林内个体建筑为对称或不对称均衡的布局，其建筑群和大规模建筑组群，多采取不对称均衡的布局。全园不以轴线控制，而以主要导游线构成的连续构图控制全园。

道路广场：园林中的空旷地和广场的轮廓为封闭性自然形的空旷草地和广场，以不对称的建筑群、土山、自然式的树丛和林带包围。道路平面和剖面为自然起伏曲折的平面线和竖曲线组成。

种植设计：园林内种植不成行列式，以反映自然界植物群落自然之美，花卉布置以花丛、花群为主，不用模纹花坛。树木配植以孤立树、树丛、树林为主，不用规则修剪的绿篱，以自然的树丛、树群、树带来区划和组织园林空间。树木整形不作建筑、鸟兽等体形模拟，而以模拟自然界苍老的大树为主。

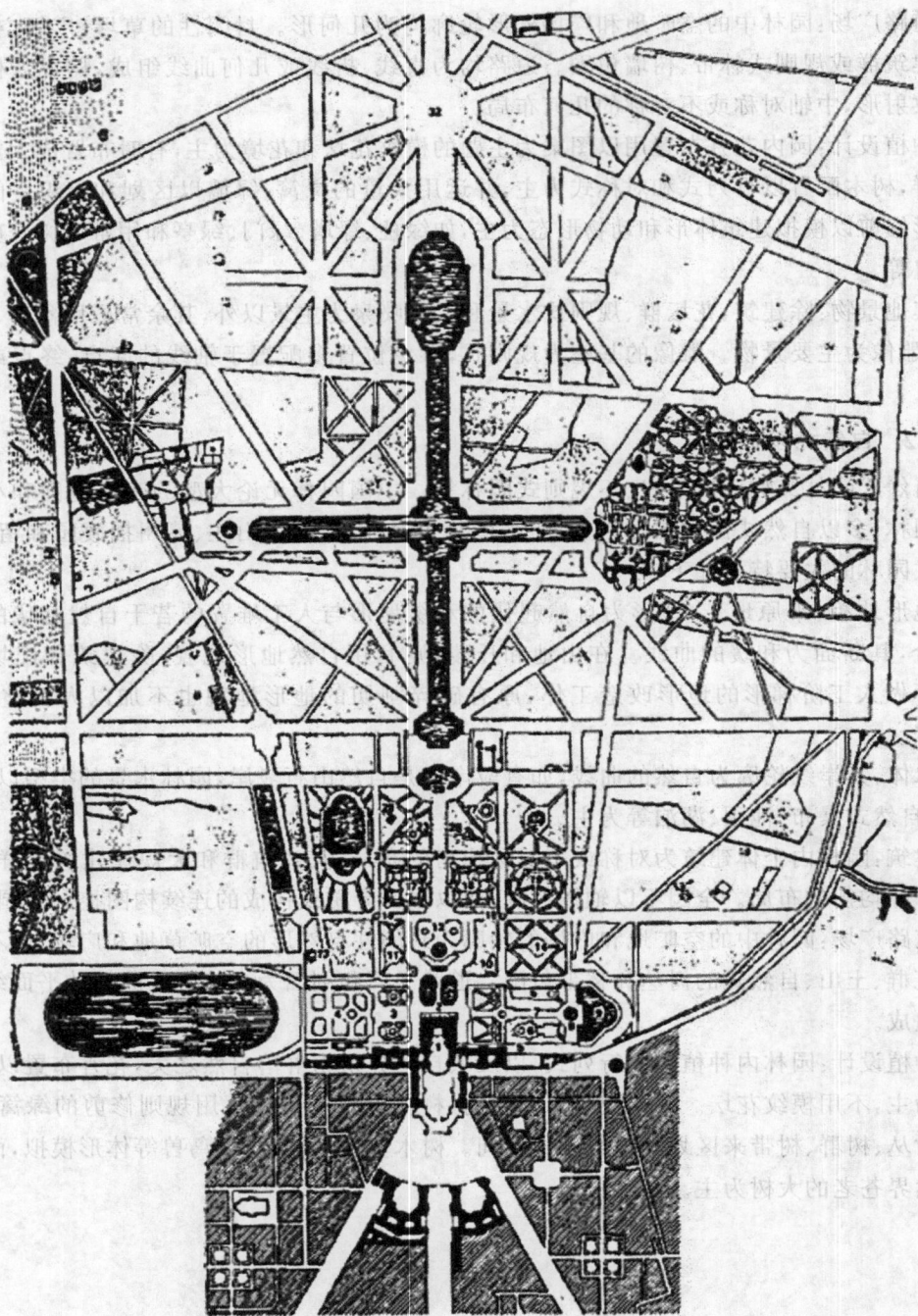

图 3-32 规则式园林(法国凡尔赛宫)

其他景物:除建筑、自然山水、植物群落为主景以外,尚采用山石、假石、桩景、盆景、雕刻为主要景物,其中雕像的基座为自然式,雕像位置多配置于透视线集中的焦点处。

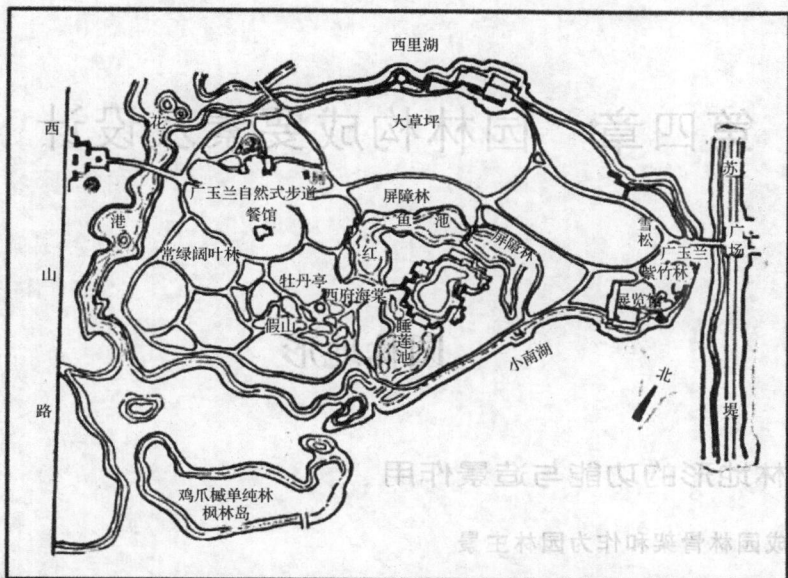

图 3-33　自然式园林(杭州花港观鱼)

2.3　混合式园林

当同一处园林的内容需要采用两种形式分别表现,这两种布局所占的比例大致相等时可称为混合式园林。混合式园林又称为综合式园林,如广州烈士陵园、北京中山公园。在园林规划中,原有地形平坦的可规划成规则式,原有地形起伏不平,丘陵、水面多的可规划成自然式,树木少的可做规则式,大面积园林,以自然式为宜,小面积以规则式较经济。

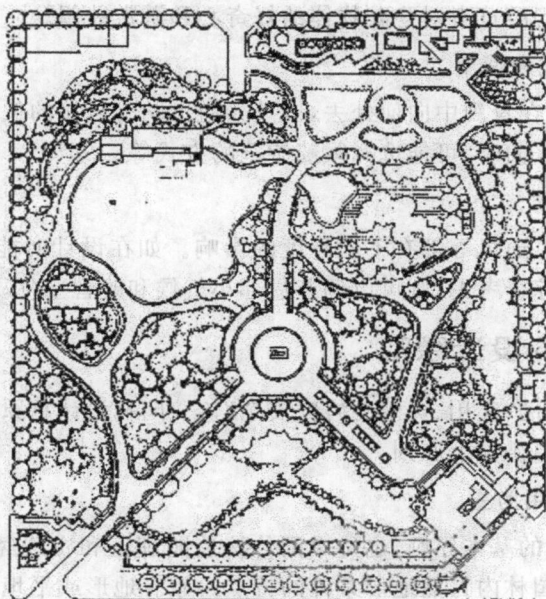

图 3-34　混合式园林

第四章　园林构成要素及设计

一、园林地形

1　园林地形的功能与造景作用

1.1　构成园林骨架和作为园林主景

中国传统的自然山水园正是以山或水作为全园构图中心，成为园之主景的。如颐和园的万寿山、昆明湖，南京的瞻园，扬州的个园等。

1.2　组织和分隔园林空间

园林中通常利用不同的地形类型创造和限制园林空间，如堆山置石、开挖池沼等，使园林空间景观富于变化，增加游赏乐趣。

1.3　控制视线

在地形分隔空间的同时也在一定程度上控制了游览者的视线，使游览者的视线停留在某一特殊焦点上，可引起游览者对隐蔽物体的好奇心和游赏欲望。

1.4　影响导游路线和速度

地形的变化与游人在景观中向何处去，以及如何运动有直接的关系。如碰到山体时，游人可能绕道而行，遇到水面时，可能选择乘船游览的方式等。

1.5　改善局部小气候

地形对局部的采光、通风等都有不同程度的影响。如在设计时能结合其他构成要素如植物配置、建筑布局等综合考虑，则可以调节局部小气候和改善空气质量。

2　园林地形的设计原则

园林地形设计在贯彻"实用、美观、经济、安全"这一园林设计总原则的前提下，依据园林地形的特殊性，具体应遵循如下原则：

2.1　因地制宜，利用为主

这是园林地形设计的基本原则，也是中国传统造园理论和实践经验的总结。在进行园林设计时，首先应考虑园林内自然地形条件的特点。原有地形或平坦或起伏，或山峦或沼泽等，应结合园林使用功能和园林景观构图等方面的要求，在原有地形基础上加以利用和改造。"高方欲就亭台，低凹可开池沼"，使之"自成天然之趣，不烦人事之工"，达到"虽由人作，

"宛自天开"的艺术境界。

2.2 满足使用功能要求

游人在园林中进行各种游憩活动时,对园林空间环境有一定要求,园林地形设计要尽可能为游人创造出各种游憩活动所需要的不同地形环境,即园林地形设计应满足开展活动的功能要求。如公园出入口因有大量游人集散就需要有平坦的地形,安静休息地段则要有山有水,地形起伏多变,景色富于变化。

2.3 符合园林艺术要求

地形设计要善于运用园林景观构图的基本规律和造景手法,创造出具有不同景观效果的开敞、半开敞、封闭的园林空间景域,使景观层次更加丰富。如要构成开敞的空间,需要有大片的平地或开阔的水面,如要形成曲径通幽的意境则要山重水复、峰回路转等。

2.4 符合自然规律要求

符合自然规律,一方面是指设计地形要合乎自然山水的形成和分布规律,如大自然中的瀑布、溪涧大都起源于高山峡谷,而不是平地或山凹处;另一方面是指园林地形要合乎自然山水稳定协调的状态,如根据各类土壤的自然安息角,确定山坡、堤岸的角度,使之稳定安全。

3 园林地形的处理手法

园林地形的处理手法包括平地、堆山、叠石、理水四个方面。

3.1 平地

园林中所指的平地,实际上是具有一定坡度的缓坡地,其坡度一般为 0.5%～5%,以利排水。园林中的平地大致有草地、集散广场、交通广场、建筑用地等。园林中保持一定比例的平地是很有必要的,可以用来接纳和疏散人群,组织各种文体活动,供游人游览休息等。

在有山有水的园林中,平地可视为山体与水面之间的过渡地带。一般做法是在临水的一侧以渐变的坡度与山麓连接,而在近水边以较缓的坡度,徐徐伸入水中,以造成一种"冲积平原"的景观。

3.2 堆山

堆山,又称掇山、迭山、叠山。园林中的山地往往是利用原有地形,适当改造而成的。因山地常能构成园林风景,组织分隔空间,丰富园林景观,故在没有山的公园尤其是平原城市,人们常常在园林中人工挖池、堆山。这种人工创造的山称作"假山",以满足园林功能和艺术上的要求。

3.2.1 假山的类型

按堆叠的材料来分,有土山、石山、土石山三类。

土山:全部用土堆积而成。土山多利用园内挖池掘出的土方,堆置而成。按造景功能不同,分为主山、客山。

石山:全部用岩石堆叠而成,故又称叠石。

土石山:以土为主体结构,表面再加以点石(一般石占 30%左右)堆砌而成的山称为土石山。如苏州的沧浪亭、环秀山庄假山。

另外,假山按形状还可分为长条形、团聚型和其他类型,如棋盘山等类型;按形成数量分有独山、群山等类型。

3.2.2 土山设计要点

3.2.2.1 主客分明,遥相呼应。主山不宜居中,忌讳"笔架山"对称形象。山体宜呈主、次、配的和谐构图,高低错落,前后穿插,顾盼呼应,切忌"一"字罗列,成排成行。

3.2.2.2 未山先麓,脉落贯通。堆山视山高及土质而定其基盘,山形追求"左急右缓,莫为两翼",避免呆板、对称。

3.2.2.3 位置经营,山讲三远。在较大规模的园林中,布置一组山体,需在规划设计过程中,考虑达到山体的"三远"艺术效果。

画山有所谓"三远",宋代郭熙在《林泉高致》中说:"山有三远,自山下而仰山巅,谓之高远;自山前而窥山后,谓之深远;自近山而望远山,谓之平远。"

3.2.2.4 山观四面而异,山形步移景变。四面各异,讲究山体的坡度陡缓各不同;不同角度、不同方面形态变化多端。峰、峦、崖、岗,山形山势随机,坞、巘、洞、穴随形。

3.2.2.5 山水相依,山抱水转,山水相连,山岛相延,水穿山谷,水绕山间。如起伏的微地形,不仅创造出优美、细腻的景观,同时利用地形排水,节省土地,适宜开展各项活动。

3.3 叠石

3.3.1 叠石的方式

叠石也称置石或理石,是以山石为材料做独立或附属性的造景布置,主要表现山石的个体美,以供观赏为主。叠石的方式有三种:特置、散置和群置。

特置:也称孤置或独置。它是用一块体量较大、轮廓线突出、姿态多样、色彩突出的山石作独立成景的山石布置形式,主要用于正对大门的广场上或院落中,也可布置在园门入口处或路旁,起点景或导游作用。布置要点在于相石立意,注意山石体量与环境相协调。

散置:是将山石零星布置,选材要求较低,但要组合得好,成为一体。布置要点在于有聚有散,有断有续,主次分明,高低参差,前后错落,左右呼应,层次丰富。总之,散置无定式,随势随形而定点。

图 4-1 特置

图 4-2 散置

群置:是将六七块或更多的山石成群布置,作为一个群体来表现,也称"大散点"。选石与布置要求基本上与散置相同,只是所在空间比较大、散点位置多、体量较大等。

图 4-3　群置

3.3.2　叠石的布置要点

最根本的法则是"因地制宜，有真有假，做假成真"。具体要注意以下几点：

3.3.2.1　山水依存，相得益彰：水无山不流，山无水不活，自然山体的外貌亦是受水影响的，山水结合可以取得刚柔共济、动静交呈的效果，避免"枯山"一座，应形成山环水抱之势。

3.3.2.2　立地合宜，造山得体：在一个园址上，采用哪些山水地貌组合单元，都必须结合相地、选址，因地制宜，统筹安排，才能做到"造山得体"。山的体量、石质和造型等均应与自然环境相互协调。如造型庞大者须雄奇，高耸者须秀拔，低矮者须平远。

3.3.2.3　巧于因借，混假于真：按照环境条件，因势利导，从事造山。

3.3.2.4　宾主分明，"三远"变化：假山的布局应主次分明，互相呼应。先定主峰的位置和体量，后定次峰和配峰。主峰高耸、浑厚，客山拱伏、奔趋，这是构图的基本规律。

3.3.2.5　远观山势，近看石质：这里所说的"势"，是指山水的轮廓、组合和所体现的态势。山的组合，要有收有放，有起有伏；山渐开而势转，山欲动而势大；山外有山，形断而意连。"质"指的是石质、石性、石纹、石理。叠山所用的石材、石质、石性需一致；叠时对准纹路，要做到理通纹顺，符合自然之理，做假成真。

3.3.2.6　树石相生，未山先麓：石为山之骨，树为山之衣。没有树的山缺乏生机，给人以"枯山"的感觉。叠石造山先看山脚是否处理得当，若要山巍，则需脚远，可见山脚造型处理的重要性。

3.3.2.7　寓情于石，情景交融：叠山往往运用象形、比拟和激发联想的手法创造意境。如扬州个园的四季假山，即寓四时景色于一园：春山选用石笋与修竹象征"雨后春笋"；夏山选用灰白色太湖石叠石，并结合荷、山洞和树荫，用以体现夏景；秋山选用富于秋色的黄石，以象征"重九登高"的民情风俗；冬山选用宣石和腊梅，石面洁白耀目，如皑皑白雪，加以墙面风洞之寒风呼啸，冬意更浓。冬山与春山，仅一墙之隔，墙开透窗，可望春山，有"冬去春来"之意。

3.4　理水

3.4.1　水体的分类

按水体的形式来分：有自然式水体和规则式水体。自然式水体平面形状自然，因形就势，如河流、湖泊、池沼、溪涧、飞瀑等；规则式水体平面多为规则的几何形，多由人工开凿而成，如运河、水渠、园池、水井、喷泉、壁泉等。

按水体的状态来分：有动态水体和静态水体，前者如河流、溪涧、瀑布、喷泉等，后者如湖泊、池沼、潭、井等。

平静的：湖泊、水池、水塘

流动的：溪流、水坡、水道、水涧

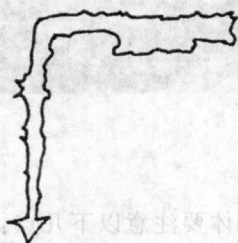

跌落的：瀑布、水帘、壁泉、水梯、水墙

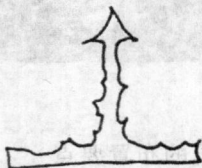

喷涌的：各种类型的喷泉

图4-4　水的几种形态

3.4.2　理水艺术

在园林设计中水的处理有动态和静态之分。在中国古典园林中，水的变化不大，多以静态的水出现，如湖泊、池水、水塘等。设计中常用曲桥、沙堤、岛屿、汀步分隔水面；以亭、台、榭、廊划分水面；以山石、树木、花草倒影水面；以芦苇、莲荷、茭、蒲点缀水面。一般构成安静的风景区，形成"清风明月本无价，近水远山皆有情"，"亭台楼阁、小桥流水、鸟语花香"的意境。传统园林的理水，是对自然山水特征的概括、提炼和再现。各类水的形态的表现，不在于绝对体量接近自然，而在于风景特征的艺术真实。各类水的形态特征的刻画，主要在于水体源流，水情的动、静，水面的聚、分，要符合自然规律，在于岸线、岛屿、矶滩等细节的处理和背景环境的衬托。运用这些手法来构成风景面貌，做到"小中见大"、"以少胜多"。这种理水的原则，对于现代城市公园，仍然具有可借鉴的艺术价值和节约用地的经济意义。

现代园林中对水的处理是动态和静态的结合，多以动态的水出现，如溪流、喷泉、泻流、涌泉、叠水、水梯、水涛、水墙等。颇具现代气息的园林水景设计，以人工造景为主，融自然为一体，水态变化多样，创造出的是新颖奇特、气魄宏大的景观。

3.4.3　常见园林水景简介

湖池：有天然和人工两种。园林中的湖池多就天然水域略加修饰而成，或依地势就低凿水而成。湖池常用作园林构图之中心，在中国古典园林中常在较小的水池四周设以建筑，如颐和园中的谐趣园，苏州拙政园的远香堂等。这种布置手法，最宜组织园内对景，有"小中见大"之妙。湖池的布设形状宜自然，池岸应有起有伏，高低错落。湖池面积过大时，为克服单调，常把水面用岛、洲、堤、桥等分隔成不同大小的水面，使水景丰富多姿，这些水利设施的存在，客观上增加了水面的层次与景深，扩大了空间感。

瀑布：流水从高处突然落下而形成瀑布。在城市环境中，也可结合堆山叠石来创造小型人工瀑布。瀑布根据下落方式可分为三类：直落式瀑布、叠落式瀑布、散落式瀑布。瀑布可由五部分组成：上流（水源）、落水口、瀑身、瀑潭、下流。

喷泉：在现代化都市及园林中，喷泉应用很广。喷泉可以美化环境，增强市容风光，调节气候,净化空气。可布置在大型建筑物前、广场中央、庭院及室内等处。在园林中喷泉还往往与水池、瀑布一起布置。由于喷出的水必须落入一个容水的场所,因此总是离不开或大或小的水池,如果水满溢出,水即成为瀑布,喷泉、水池、瀑布三者成了一个密不可分的水景组合形式。

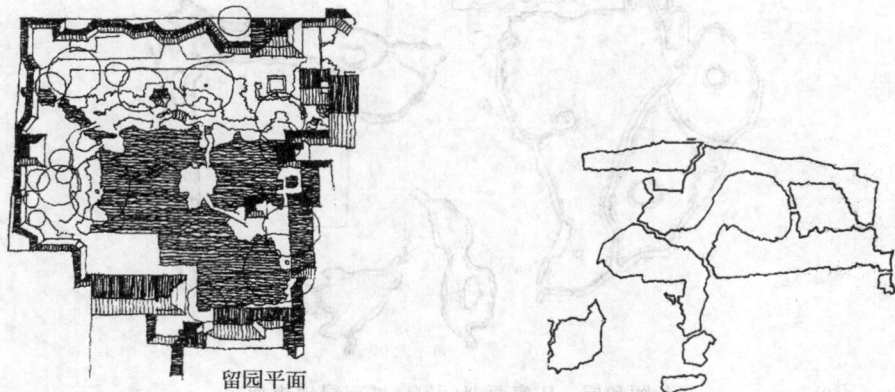

留园平面

图 4-5 传统园林理水以曲折幽深取胜

图 4-6 跌落

图 4-7 喷涌

图 4-8 水面的处理

　　溪流:是自然山涧中的一种水流形式。在园林中小河两岸砌石嶙峋,河中少水并纵横交织、疏密有致布置大小石块,水流激石,涓涓而流,在两岸土石之间,栽植耐水湿的蔓木和花草,可构成极具自然野趣的溪流。在狭长形的园林用地中,一般采用该理水方式比较合适。

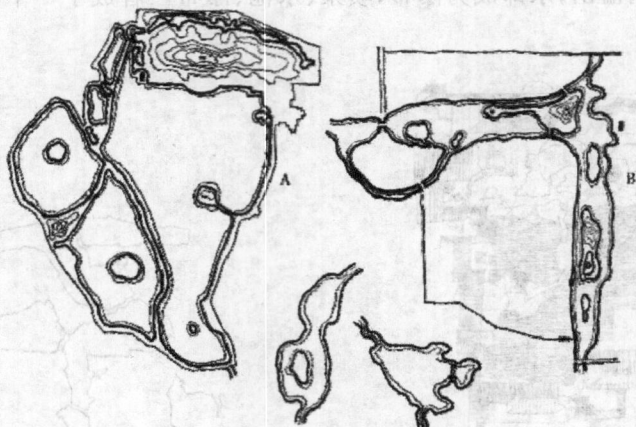

A.颐和园　B.瘦西湖(引自《城市绿地规划》)

图 4-9　园林水体处理示意图

3.4.4　水的几种造景手法

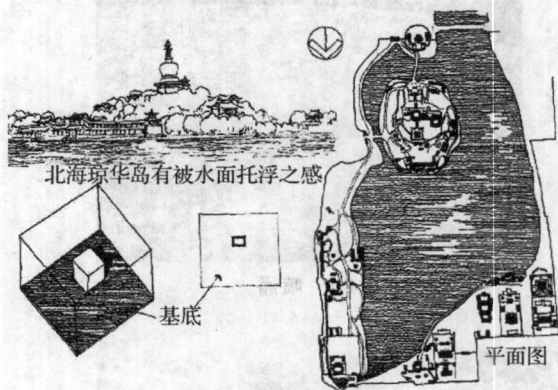

北海琼华岛有被水面托浮之感

基底

平面图

图 4-10　水的基底作用

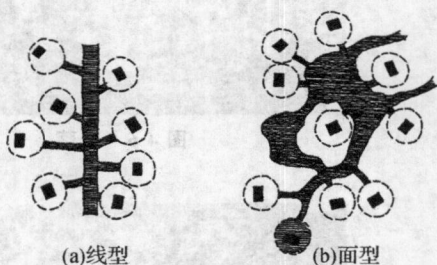

(a)线型　　(b)面型

图 4-11　水的系带作用

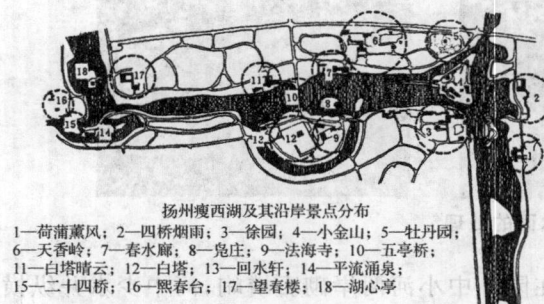

扬州瘦西湖及其沿岸景点分布

1—荷蒲薰风；2—四桥烟雨；3—徐园；4—小金山；5—牡丹园；
6—天香岭；7—春水廊；8—凫庄；9—法海寺；10—五亭桥；
11—白塔晴云；12—白塔；13—回水轩；14—平流涌泉；
15—二十四桥；16—熙春台；17—望春楼；18—湖心亭

图 4-12　线型系带作用(扬州瘦西湖)

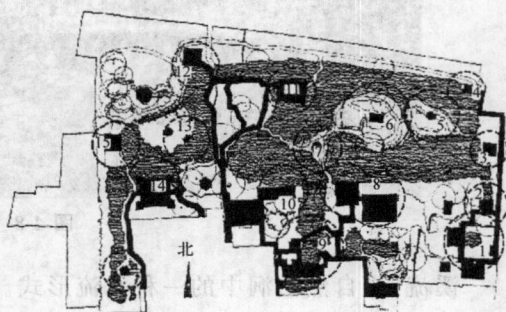

北

图 4-13　面型系带作用(苏州拙政园)

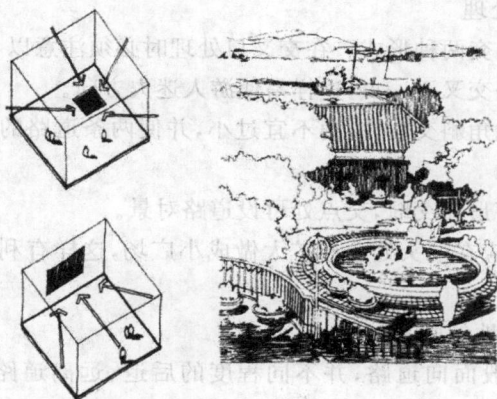

图 4-14　焦点作用

二、园林道路

1　园路的功能作用

园路是园林的骨架和脉络,是联系各景区、景点的纽带,是构成园林景色的重要因素。园路和多数城市道路的不同之处,在于除了组织交通之外,还有引导游览线路以及构成景观的要求,如园路的铺装、线型、色彩等本身也是园林景观一部分。此外,园路为园林给排水、电力电信等管网的布置提供一定的场所或条件,还有利于园林的通风和光照等。

2　园路的类型

园路按其性质和功能的不同可分为主要园路、次要园路和游憩小路;园路按使用材料不同,可分为整体路面、块料路面、碎料路面。各类园路的特点见下表。

表 4-1　各类园路的特点

类型	功能	宽度（m）	材料
主要园路	联系各景区、主要景点,导游,组织交通	7～8	混凝土、沥青（整体路面）
次要园路	联系景区内各景点,导游,构成园景	4～6	天然石块、预制混凝土块（材料路面）
游憩小路	深入园中各角落,导游,散步休息	0.8～1.5	碎石、卵石、砖渣（碎料路面）

3　园路规划原则

3.1　原则

园路的设计应与园林的总体风格保持一致和协调,交通性从属于游览性,园路的布局应主次分明,密度得体。在城市公园设计时,道路的比重可控制在公园总面积的 10%～12%。

3.2　园路交叉口的处理

园路交叉有正交和斜交两种形式。在交叉口处理时必须注意以下情况：

3.2.1　避免多条道路交叉于一点，这样易使游人迷失方向。

3.2.2　两条道路成锐角斜交时，锐角不宜过小，并使两条道路的中心线交于一点上，对顶角最好相等，以求美观。

3.2.3　两园路成丁字形相交时，交点处可设道路对景。

3.2.4　道路正交时，应在端头处适当扩大做成小广场，这样有利于交通，可以避免游人过于拥挤。

3.3　园路与建筑、场地的联系

靠近园路的建筑一般面向道路，并不同程度的后退，远离道路。对游人量较大的园林主体建筑，一般后退道路较远，采用广场或林荫道的方式与园路相连，这样在功能上可满足人流集散的需要，在艺术处理上可突出主体建筑的立面效果，以创造开阔明朗的环境气氛。

对于一般性园林建筑宜少直接与主要园路连接，而应多依地形起伏曲折上的变化，采用小路引入建筑内部，以创造曲径通幽的园林环境。

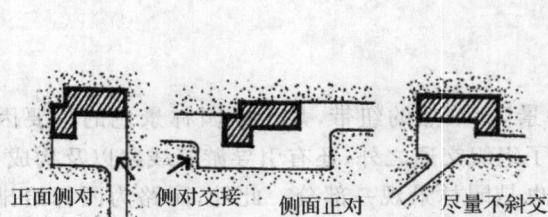

正面侧对　　侧对交接　　侧面正对　　尽量不斜交

图 4-15　侧对交接

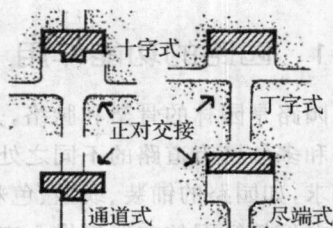

十字式　　丁字式

正对交接

通道式　　尽端式

图 4-16　正对交接

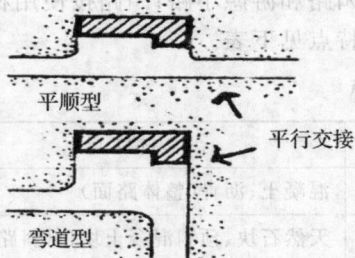

平顺型

平行交接

弯道型

图 4-17　平行交接

圆形场地　　对中交接影响　　沿边交接对场地
直对中交接　　场地的使用　　使用的影响较小

图 4-18　园路与场地的交接

4 园路布局形式

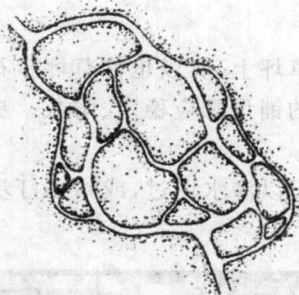

图 4-19 套环式园路

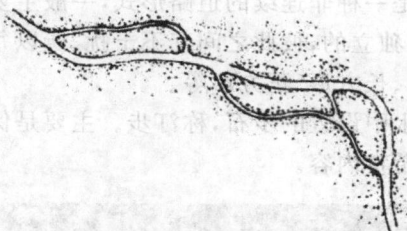

图 4-20 条带式园路

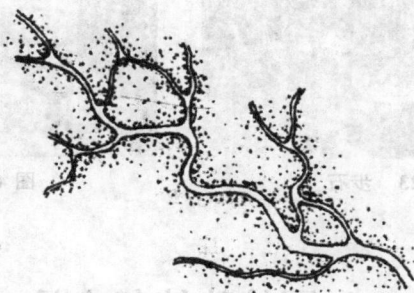

图 4-21 枝杈式条带式园路

5 园桥

园林中的园桥起着联系交通、组织导游的作用,同时可分隔水面、划分水域空间。园桥因构筑材料不同可分为石桥、木桥、钢筋混凝土桥等。据结构分又有梁式与拱式、单跨与多跨之分,其中拱桥又有单曲和双曲两种。按形式分有贴临水面的平桥,起伏带孔的拱桥,曲折变化的曲桥、有桥上架屋的亭桥、廊桥等等。

园桥具有园路和园林建筑的特征。如贴近水面的平桥、曲桥可看作跨越水面园路的变形,带有亭廊的廊桥又可作为架在水面上的园林建筑;而桥面较高可供通行游船的各类拱桥则同样既有园路的特征,又有园林建筑的特征。

图 4-22 古典园林园桥

6 台阶、步石、汀步

台阶:是一种特殊的道路形式,一般当道路坡度达到15°时,要考虑设台阶。台阶的尺寸标准可参见建筑设计标准。

步石:是一种非连续的道路形式,一般主要设置在草坪上,所以也称草坪步石。由于每块步石都是独立的,彼此之间互不干扰,所以每块步石的铺设都应稳定、耐久。步石的平面可做成圆形、长方形、正方形等。

汀步:水中设置的步石,称汀步。主要是保证游人可以涉水而过,或站在汀步上欣赏水景,可丰富游赏内容。

图 4-23 步石

图 4-24 汀步

三、园林建筑与小品

1 古典园林建筑的基本类型及其特征

1.1 亭

《园冶》载:"《释名》云:亭者,停也。人所停集也。……造式无定,自三角、四角、五角、梅花、六角、横圭、八角至十字,随意合宜则制,惟地图可略式也。"

1.1.1 亭的类型

从亭子的平面形状分有圆亭、方亭、三角亭、五角亭、六角亭、扇亭等。从屋顶形式分有单檐、重檐、三重檐、攒尖顶、盝顶、歇山顶、卷棚顶等。从布设位置分有山亭、半山亭、水亭、桥亭以及靠墙的半亭,在廊间的廊亭,在路中的路亭等。亭的布局既可单独设置,亦可组合成群。

1.1.2 位置选择

亭子位置的选择,一方面是为了观景,即供游人驻足休息,眺望景色;另一方面是为了点景,即点缀风景,具体应根据功能需要和环境地势来决定。总之既要做到建亭之处有景可赏,又要做到亭的位置与环境协调统一。

山上建亭:这是宜于远眺的地形,特别是山巅、山脊上,眺览的范围大、方向多,同时也为登山中的休憩提供一个坐坐看看的环境。

　　临水建亭：水边设亭，一方面是为了观赏水面的景色，另一方面也可丰富水景效果。水面设亭，一般应尽量贴近水面，宜低不宜高，可三面或四面水面所环绕。

　　平地建亭：通常位于道路的交叉口上，路侧的林荫之间，有时为一片花圃、草坪、湖石所围绕，或位于厅、堂、廊、室与建筑之一侧，供户外活动之用。有的自然风景区在进入主要景区之间，在路边或路中筑亭，作为一种标志和点缀。

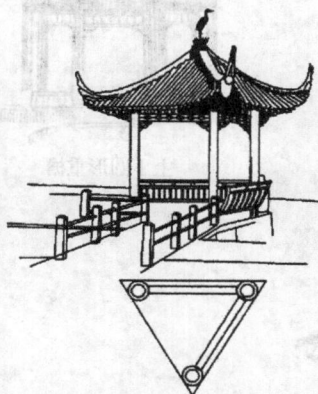

三角亭（西湖小瀛洲开网亭）

四角亭（故宫乾隆花园耸秀亭）

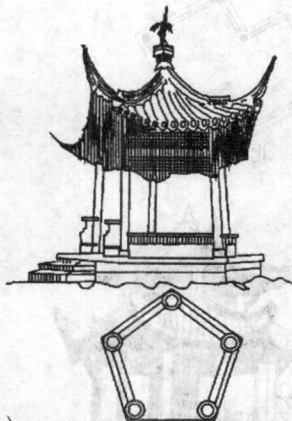

五角亭（上海古猗园白鹤亭）

六角亭（北京中山公园）

八角亭（北海公园昆邱亭）

九角亭（太原纯阳宫）

北海见春亭

拙政园笠亭

北京中海双环亭

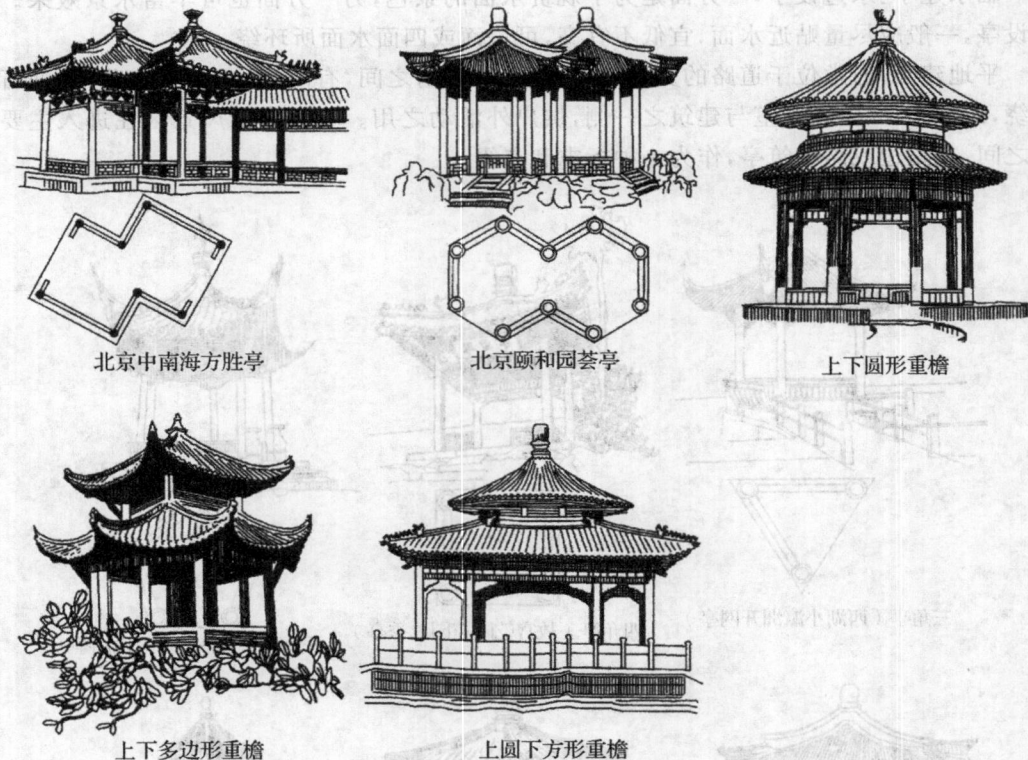

北京中南海方胜亭

北京颐和园荟亭

上下圆形重檐

上下多边形重檐

上圆下方形重檐

图 4-25 亭子类型

1.2 廊

《园冶》载:"《释名》云:廊者,庑出一步也,宜曲宜长则胜。古之曲廊,俱曲尺曲。今予所构曲廊,之字曲者,随形而弯,依势而曲。或蟠山腰,或穷水际,通花渡壑,蜿蜒无尽。"

1.2.1 廊的作用

廊通常布置在两个建筑物或两个观赏点之间,成为空间联系和空间划分的一个重要手段。它不仅具有遮风避雨、交通联系的实用功能,而且对园林中风景的展开起着重要的组织作用。如果我们把整个园林作为一个"面"来看,那么,亭、榭、轩、馆等建筑物在园林中可视作"点",而廊、墙这类建筑则可视作"线"。通过这些"线"的联络,把各分散的"点"联系成一有机的整体。

1.2.2 廊的类型

廊依位置分有爬山廊、水走廊、平地廊,依结构形式分有空廊(两面为柱子)、半廊(一面柱子一面墙)、复廊(两面为柱子、中间为漏花墙分隔),依平面形式分为直廊、曲廊、回廊等。

空廊

双层廊

复廊

单面廊

图 4-26 廊的类型

1.3 榭

《园冶》载："《释名》云：榭者，藉也。藉景而成者也。或水边，或花畔，制亦随态。"榭是凭借着周围景色而构成的，它的结构依照自然环境的不同可以有各种形式，一般把"榭"看作是一种临水的建筑物，所以也称"水榭"。它的基本形式是在水边架起一个平台，平台一半伸入水中，一半架立于岸边，平面四周以低平的栏杆相围绕，然后在平台上建起一个木构的单体建筑物，其临水一侧特别开敞，成为人们在水边的一个重要休息场所。如苏州拙政园的芙蓉榭等。

图 4-27 拙政园芙蓉榭

图 4-28 留园活泼地

1.4 舫

舫是依照船的造型在园林湖泊中建造起来的一种船形建筑物。供人们在内游玩饮宴，观赏水景,身临其中之感。舫的前半部多三面临水,船首一侧常设有平桥与岸相连,仿跳板之意。通常下部船体用石建筑,上部船舱则多为木结构。由于像船但不能动,所以亦名"不系舟"。如苏州拙政园的香洲、北京颐和园的清晏舫等都是较好的实例。

图 4-29　颐和园清晏舫

图 4-30　拙政园香洲

1.5　厅堂

《园冶》云:"古者之堂,自半已前,虚之为堂。堂者,当也。谓当正向阳之屋,以取堂堂高显之义。"在古代园林、宅第中,多具有小型公共建筑的性质,用以会客、宴请、观赏花木。因此,室内空间较大,门窗装饰考究,造型典雅、端庄,前后多置花木、叠石,使人置身厅内就能欣赏园林景色。

图 4-31　拙政园玉壶冰

图 4-32　网师园万卷堂

1.6　楼阁

《园冶》谓楼:"《说文》云:重屋曰'楼'。《尔雅》云:陕而修曲为'楼'。言窗牖虚开,诸孔慺慺然也。造式,如堂高一层者是也。"是两重以上的屋,故有"重层曰楼"之说。楼的位置在明代大多于厅堂之后,在园林中一般用作卧室、书房或用来观赏风景。由于楼高,也常常成为园中的一景,尤其在临水背山的情况下更是如此。

图 4-33　网师园撷秀楼

图 4-34　留园冠云楼

阁,《园冶》云:"阁者,四阿开四牖。"与楼近似,但较小巧。平面为方形或多边形,多为两层的建筑,四面开窗。一般用来藏书、观景,也有用来供养巨型佛像的。

1.7　轩

《园冶》云:"轩式类车,取轩轩欲举之意,宜置高敞,以助胜则称。"

图 4-35　拙政园与谁同坐轩　　　　图 4-36　网师园竹外一枝轩

2　园林小品类型及其特征

2.1　园桌、园椅、园凳

它的作用是供人休息、赏景。一般布置在人流较多,景色优美的地方,如树荫下、水池边、路旁、广场、花坛等游人需停留休息的地方。设计时应尽量做到构造简单、坚固舒适、造型美观,也可与花台、园灯、假山等结合布置。

2.2　花架

花架是攀缘植物的棚架,又是人们消夏、避荫之所。花架在造园设计中往往具有亭、廊的作用,做长线布置时,就像游廊一样能发挥建筑空间的脉络作用,形成导游路线,也可以用来划分空间,增加风景的深度。做点状布置时,就像亭子一样,形成观赏点,并可以在此组织对环境景色的观赏。在花架设计的过程中,应注意环境与土壤条件,使其适应植物的生长要求。同时要考虑在没有植物的情况下,花架也应具有良好的景观效果。

图 4-37　花架

2.3　园门、园窗、园墙

园门:有指示导游和点缀装饰作用,园门形态各异,有圆、六角、八角、横长、直长、桃、瓶等形状。如在分隔景区的院墙上,常用简洁而直径较大的圆洞门或八角形洞门,便于人流通行;在廊及小庭院等小空间处所设置的园门,多采用较小的秋叶瓶、直长等轻巧玲珑的形式,同时门后常置以峰石、芭蕉、翠竹等构成优美的园林框景。

园窗:一般有空窗和漏窗两种形式。空窗是指不装窗扇的窗洞,它除能采光外,常作为框景,其后常设置石峰、竹丛、芭蕉之类,通过空窗,形成一幅幅绝妙的图画,使游人在游赏中不断获得新的画面感受。空窗还有使空间相互渗透,增加景深的作用,它的形式有很多,如长方形、六角形、瓶形、圆形、扇形等。漏窗可用以分隔景区空间,使空间似隔非隔,景物若隐若现,起到虚中有实,实中有虚,隔而不断的艺术效果,而漏窗自身有景,逗人喜爱。漏窗窗框形式繁多,有长方形、圆形、六角形、八角形、扇形等等。

园墙:在园林建筑中一般系指围墙和屏壁(照壁)而言,主要用于分隔空间、丰富景致层次及控制、引导游览路线等,是空间构图的一项重要手段。园墙的形式很多,如云墙、梯形墙、白粉墙、水花墙、漏明墙、虎皮石墙等。

3　园林建筑小品布局原则

布局是园林建筑设计方法和技巧的中心问题。园林建筑的艺术布局内容广泛,从总体规划到局部建筑的处理都会涉及。一般来说应满足以下几个布局原则:

3.1　满足使用功能的需要;

3.2　满足造景需要;

3.3　讲究空间渗透与层次;

3.4　讲究空间序列。

四、园林植物

园林植物的配置应考虑植物的生态条件和观赏特性,注意植物之间的组合美以及植物与环境的协调美,根据具体的种植地点的条件,正确选择树种进行配置。

1　园林植物的配置原则

1.1　符合园林绿地性质和功能要求;

1.2　植物造景要考虑园林绿地的艺术要求,要与园林绿地总体布局相一致,与环境相协调;

1.3　根据植物本身的生长习性、观赏特性和栽植地点的环境条件合理选择植物种类;

1.4　考虑园林植物的季相变化与色香形的统一和对比。

2　园林植物的配置方式

园林植物的配置方式可分为自然式与规则式两种。

自然式:自然式配置以模仿自然、强调变化为主,具有活泼、愉快、幽雅的自然情调,有孤植、丛植、群植等。

规则式:多以某一轴线为对称或成行排列,强调整齐、对称为主,给人以强烈、雄伟、肃穆之感,有对植、行列植等。

2.1　自然式种植

自然式种植包括孤植、丛植、群植、林植等种植形式，主要体现自然美。

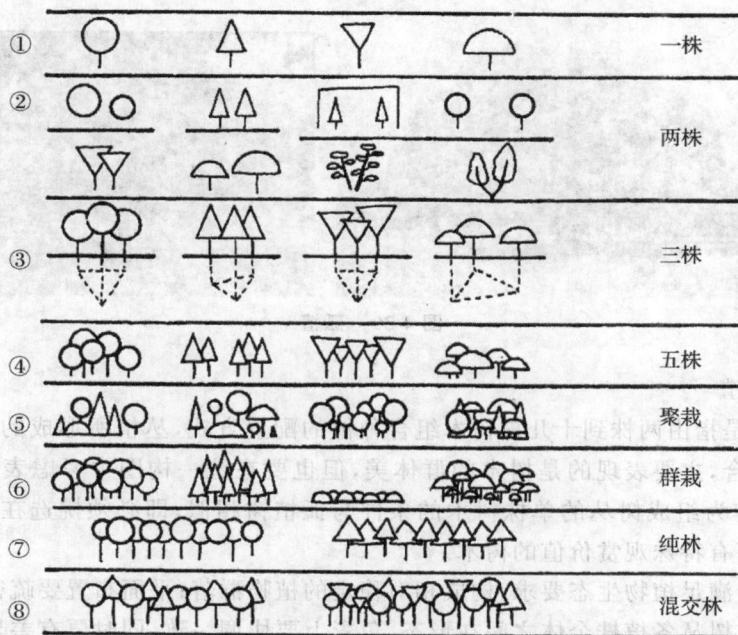

图 4-38　树木的组合方式

2.1.1　孤植

孤植是指单株乔木孤立种植的配置方式。在特定的条件下，也可以 2～3 株紧密栽植，株距不超过 1.5 m，组成一个单元的种植形式。孤植树下一般不配置灌木。

孤植树主要表现植物个体美，其园林功能一是单独作为构图艺术的孤植树，二是作为园林中庇荫和构图艺术相结合的孤植树。孤植是中西园林中广为采用的一种种植形式，常布置在空旷地或作为局部空间的观赏主景。孤植树是种植构图中主景，要空阔，使树木能向四周伸展，同时在四周要安排适宜的观赏视距（最适视距在树高的 4～10 倍，至少在树高 4 倍水平距离范围内，不要有别的景物阻挡视线）。

2.1.1.1　树种选择　宜选择树冠开张、体形雄浑、生长健壮、寿命较长、不含毒素、没有污染，具有一定的观赏价值的树种。但在具体选择上应充分考虑当地的立地条件和具体要求。可考虑选用树冠开张者，如香樟、榕树、悬铃木；形体富于变化，姿态优美、树枝具有丰富的线条美，如朴树、垂柳；开花繁茂、色彩艳丽的，如凤凰木、木棉、大花紫薇、玉兰、樱花、梅花；具有浓烈芳香的树木，如白兰、桂花、柚；秋天变化或常年红叶者，如乌桕、枫香、鸡爪槭、银杏、紫叶李等。

2.1.1.2　种植位置　孤植树种植的位置，总的来讲，要求比较开阔，一方面是为了保证树冠有足够的生长空间，反映植物个体充分生长发育的景观；另一方面，作为局部构图主景的孤植树，应安排合适的观赏视距和观赏点，使人们有足够的活动场地和适宜的观赏位置。

孤植树种植的具体位置，通常有以下几种情况：布置在开阔大草坪或林中草地的自然中心处;配置在开阔的江、河、湖畔;配置在可以透视辽阔远景的高地、山冈上;配置在自然式园林中的园路或水系的转弯处、假山蹬道口以及园林的局部入口处;布置在公园铺装广场的边缘。

图 4-39　孤植

2.1.2　丛植

丛植通常是指由两株到十几株树木组合种植的配置方式,丛植所形成的种植类型是树丛。树丛的组合,主要表现的是树木的群体美,但也要在统一构图中考虑表现单株的个体美,所以选择作为组成树丛的单株树木的条件与孤植树相似,即必须挑选在庇荫、姿态、色彩、芳香等方面有特殊观赏价值的树木。

配置要领:满足植物生态要求,构成相对稳定的植物群落;平面布置要疏密有致,立面构图要参差错落;树丛各植株个体之间在形态、色彩上要协调一致,同时要有差异,以体现变化统一的原则;树丛四周要相对开阔,留有适宜的观赏视距。

2.1.2.1　两株成丛

通相:两株树应为同种或同属中极为相似的树种,便于调和。

殊相:大小姿态均应有较显著的差异,形成对比,如一高一低,一仰一俯。

栽植距离:应小于两株树树冠的半径之和。

2.1.2.2　三株成丛

通相:最好三株为同一树种或外观类似的两个树种配合;如为两个树种,最好同为常绿或落叶,同为乔木或灌木,忌用三个不同树种,但如外观相似的树种不在此限。

殊相:树木大小、姿态要有对比和差异。栽植时,忌同在一直线上或呈等边三角形栽植。

配置形式:三株距离都要不等,其中两株即最大与最小一株应靠近,成为小组,中等大小的另一株适当远离一些,成为另一组,成2:1组合;两组在动势上应有呼应。

2.1.2.3　四株成丛

通相:最好为同一树种或最多应用两种不同树种,且必须同为乔木或灌木。如应用三种以上,或大小悬殊的乔灌则不易调和。

殊相:同一树种的体形、姿态、大小、距离、高矮应有不同。

配置形式:属同一树种时可分成两组,成3:1组合,最大与最小一株不能成为单独一组。按树木大小排序,可以①②④一组,③一组,或①③④一组,②独立。基本平面形式有不等边四边形或不等边三角形两种。四株栽植,不宜两两分组,且任何三株不能成为一直线。

2.1.2.4　五株成丛

通相:最好为同一树种或最多应用两种不同树种,且必须同为乔木或灌木,同为常绿落叶。

殊相:同一树种的体形、姿态、大小、距离、高矮应有不同。

配置形式:较合理的组合方式为3:2组合,按树木大小排序,应为①②④一组、③⑤为另一组,或①③④一组,②⑤为另一组,或①③⑤一组,②④为另一组。另一种分组方式为4:1组合,其中单株不能最大,也不能最小,最好为②或③树种。基本平面形式有梅花形、不等边五边形。

清代李渔《芥子园画谱》所谓:"五株即熟,则千株万株可以类推,交搭巧妙,在此转关。"

图 4-40　三株组合　　　　图 4-41　四株组合

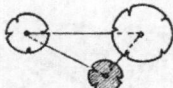

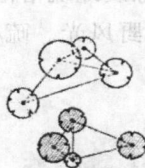

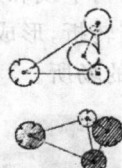

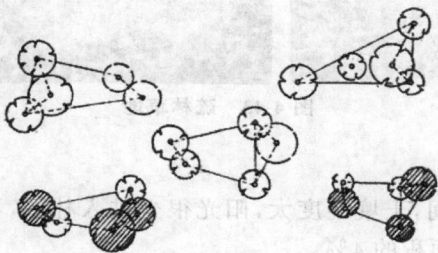

图 4-42　五株组合

2.1.3　群植

由十几株至几十株同种或异种树木组成的树群,它表现的主要为群体美。树群可分为单纯树群和混交树群,但以后者为主要形式。与孤植和丛植一样,群植可作为空间构图的主景,也可庇荫。由于群植时植物数量较多,因此,作为主景用的树群应该布置在有足够距离的开朗地段。

布设位置:树群通常布置在有足够观赏视距的开朗场地上作为主景,其主要立面的前方,至少在树群高度的4倍、树群宽度的1.5倍距离内,要留出空地,以便游人观赏。树群栽植地标高最好能高出外围地段,形成向四面倾斜的地形,以利排水和突出主景。

立面结构:混交树群多采用郁闭式分层结构,从高到低最多可分为乔木层、亚乔木层、大灌木层、小灌木层以及草本层5个层次。从高度上讲,乔木层应分布在中央,亚乔木层在外缘,大灌、小灌在更外缘。断面应是林冠线起伏错落,横轴切忌相等,一般差异最好不超过1:3。

平面布局:通常将高大常绿的乔木布置在中间,作为背景,亚乔木在其周围,大灌木、小灌木在外缘,水平轮廓宜有丰富的曲折变化。

生态要求:树群在树种选择和组合配置时,除了像孤植、丛植那样考虑其与周围环境的生态关系外,还应注意树群内部植物之间的生态关系。

2.1.4 林植

林植数量比较多,多指成片成块大量栽植乔灌木,构成林地和森林景观的种植形式。其长短轴之比大于 4∶1,多用于大面积公园的安静休息区、风景游览区或休疗养区及卫生防护地带。林植有纯林和混交林两种,按疏密又可分为疏林和密林两种。

2.1.4.1 疏林

郁闭度在 0.4～0.6 之间,常与草地结合,所以又称为疏林草地或草地疏林。一块疏林就是一块很好的绿地。

特点:树干线和边缘线疏疏落落、断断续续,时而树丛,时而草地,时而郁闭,时而孤赏,有过渡,有转折,形成林野风光。疏林中除有乔灌木外,还可配置草坪,花卉,园林小品,形成观赏游憩的场所。

图 4-43 疏林草地

2.1.4.2 密林

郁闭度在 0.7～1.0 之间,土壤湿度大,阳光很少进入林下,不便游人进入,一般在绿化设计中不能超过陆地绿化面积的 4%。

功能:以观赏为主或涵养水源为主,在建造时多以混交密林为主,主要是因混交密林为多层结构,景观华丽多彩。

2.2 规则式种植

2.2.1 对植

造景特性:是一种装饰性栽植,是指用两株或两丛相同或相似的树木,按照一定的轴线关系做相互对称或均衡的种植方式。主要用于公园、建筑、道路、广场的出入口,同时还具有庇荫、诱导的作用。在园林构图中始终作为配景,起陪衬和烘托主景的作用,如利用树木分枝状态或适当加以培育,形成相依或交冠的景框,构成框景。

配置形式:有对称式和非对称式两种配置形式。

对称式对植:即采用同一树种、同一规格的树木依主体景物的中轴线做对称布置,两树的连线与轴线垂直并被轴线等分,一般选择冠形规整的树种。

非对称式对植:即采用种类相同,但大小、姿态不同的树木,以主体景物中轴线为支点取得均衡关系,沿中轴线两侧做非对称布置,两树与轴线的关系符合力矩原理,即近大远小,且彼此之间要有呼应,顾盼生情,以取得动势集中和左右均衡。

2.2.2 列植

造景特性:列植是指树木按一定的株行距成行成列地栽植的配置方式。列植形成的景观比较整齐、单纯、有气势,列植与道路配合,可构成夹景。列植多运用于规则式种植环境中,如道路、建筑、矩形广场、水池等附近。列植具有施工、管理方便的优点。

树种选择:列植宜选择树冠体形比较整齐的树种。

栽植间距:取决于树木成年冠幅大小、苗木规格和园林主要用途。一般乔木采用5～8 m,灌木为1～3 m。

栽植形式:有等行等距和等行不等距两种基本形式。

等行等距:种植的平面上看是正方形或三角形,多用于规则式园林绿地或自然式园林的规则部分。

等行不等距:从平面上看是不等边三角形或四角形。多用于自然式园林地带。

图 4-44　列植

2.2.3　篱植

即绿篱、绿墙,指将灌木或小乔木以近距离的株行距栽植成单行或多行的紧密结构的规则的种植形式。篱植是规则式栽植的主要形式,它在园林绿地中可起界限和防护的作用,可分割空间,屏障视线,美化挡土墙,遮蔽不美观的墙基,还可作花境、喷泉、雕像等的背景。

2.2.3.1　篱植种类

绿墙:高度在一般人视高,即160 cm以上,可阻挡人们的视线。

高绿篱:高度在120～160 cm之间,人的视线可通过但不能跨越。

中绿篱:高度在50～120 cm之间,是最常用的绿篱类型,时常所说的绿篱系指这种。

矮绿篱:高度在50 cm以下,人可轻易跨越。

2.2.3.2　根据功能要求和观赏特性来分

常绿篱:由常绿树组成,是园林中最常用的绿篱,常用树种有侧柏、大叶黄杨、海桐、女贞、雀舌黄杨等。

落叶篱:一般不用落叶树作绿篱,但在常绿树不多或生长过慢的地区,亦可采用落叶篱形式。常见树种有榆树、水蜡树、胡颓子等。

彩叶篱:由红叶或斑叶等色叶观赏树种组成。常用树种有红叶小檗、金边珊瑚、斑叶大叶黄杨、金边女贞等。

花篱:由观花树种组成,常用树种有栀子花、茉莉、迎春等。

果篱:由观果树种组成,常用树种有枸骨、火棘、金银木等。

刺篱:由带刺的树种组成,常用树种有枸骨、胡颓子、黄刺梅等。

蔓篱:由攀缘植物组成,需事先设置供攀附的竹篱、木栅等。常用植物有常春藤、爬山虎、凌霄、紫藤等。

编篱:为加强绿篱防范作用,有时把绿篱植物枝条编结起来,构成网状或格栅形式,称为编篱。常用树种有雪柳、紫穗槐等。

2.2.3.3 栽植形式 绿篱的种植密度一般应根据使用目的、不同树种、苗木规格和种植地带的宽度来确定。

矮绿篱:通常为单行直线或几何曲线栽植,株距一般为 15～30 cm,宽度为 30～50 cm,高度为 10～50 cm。

中绿篱:成单行或双行直线或几何曲线栽植,株距一般为 30～50 cm。单行栽植宽度为 40～80 cm;双行栽植行距为 25～50 cm,宽度为 50～100 cm,高度为 50～120 cm。双行栽植点的位置成三角形交叉排列。矮绿篱及中绿篱一般选用 2～3 年生快长树苗,如女贞、小蜡等,在栽植时离地面 5cm 处剪去,促其分枝,然后每年修剪 4～5 次,逐年长成计划高度。

高绿篱:株距 50～75 cm,单行式宽度为 50～80 cm,双行式行距为 40～80 cm,宽度为 80～100 cm,高度为 120～160 cm,双行式呈三角形交叉排列。

绿墙:多双行栽植,株距 1～1.5 m,行距 50～100 cm,宽度 1.5～2.0 m,高度为 1.6 m 以上;双行栽植呈三角形交叉排列。

图 4-45 绿篱与绿墙

2.2.4 花坛

2.2.4.1 造景特性 花坛是指在具有一定几何形轮廓植床内,种植各种不同色彩的观赏植物,以构成华丽色彩或精美图案的一种花卉种植类型。花坛主要是通过色彩或图案来表现植物的群体美,而不是植株的个体美,具有装饰特性。

2.2.4.2 花坛分类

根据表现主题不同来分:花丛花坛(盛花花坛)、模纹花坛(图案式花坛)、混合花坛。

根据规划方式不同来分:独立花坛、组群花坛、带状花坛、立体花坛。

2.2.4.3 花坛设计要点

植物选择:花丛花坛主要表现色彩美,多选择 1～2 年生草本花卉或球根花坛。如一串红、金鱼草、鸡冠花等。一般不用观时或木本植物。模纹花坛以表现图案美为主,植物选择多采用植株低矮、枝叶细密、萌发性强、耐修剪的观叶植物,如瓜子黄杨、金叶女贞等,也可选择花期较长、花期一致、花小而密、花叶兼美的观花植物,如四季海棠、石莲花等。

平面布置:花坛平面外形轮廓总体上应与广场、草坪等周围环境的平面构成相协调,但在局部处理上要有所变化,使艺术构图在统一中求变化,在变化中求统一。作为主景的花坛要有丰富的景观效果,可以是华丽的图案花坛或花丛花坛,但不宜为草坪花坛。作为配景的花坛,如雕塑基座或喷水池周围的花坛,其纹样应简洁,色彩宜素雅,以衬托主景为原则,不可喧宾夺主。花坛面积与环境应保持适度的比例关系,以 1/3～1/6 为宜。一般作为观赏用的草坪花坛面积比例可稍大一些,华丽的花坛比简洁的花坛面积比例可稍小些。在行人集散量或交通量较大的广场上,花坛面积比例可以更小一些。

个体设计:花坛内部的图案纹样,花丛花坛宜简洁,模纹花坛可丰富。纹样线条宽度不能太细,最少在 10 m 以上。个体花坛面积不宜过大,大则鉴赏不清且易产生变形。一般模纹花坛直径或短轴以 8～10 m 为宜,花丛花坛直径或短轴可达 15～20 m。

花坛的边缘:为使花坛有一个清晰的轮廓并防止水土流失,植床边缘常用缘石围护,围护材料可用砖、卵石、混凝土、树桩等,缘石高度在 10～15 cm,最高不超过 30 cm,宽度一般在 10～15 cm,造型宜简洁,色彩应淡雅。

图 4-46　花丛花坛　　　　　　图 4-47　模纹花坛

2.2.5　花境

2.2.5.1　造景特性

花境是在长形带状具有规则轮廓的种植床内采用自然式种植方式配置观赏植物的一种花卉种植类型。花境平面外形轮廓与带状花坛相似,其种植床两边是平行直线或几何曲线,而花境内部的植物配置则完全采用自然式种植方式,兼有规则式和自然式布局的特点,是园林构图中从规则式向自然式过渡的半自然式(混合式)种植形式。它主要表现观赏植物本身特有的自然美,以及观赏植物自然组合的群体美。在园林造景中,既可作主景,也可为配景。

2.2.5.2　主要类型

2.2.5.2.1　依植物材料不同来分

灌木花境:主要由观花、观果或观叶灌木构成,如月季、南天竹等。

宿根花卉花境:由当地可以露地越冬、适应性较强的耐寒多年生宿根花卉构成,如鸢尾、芍药、玉簪、萱草等。

球根花卉花境:由球根花卉组成的花境,如百合、石蒜、水仙、唐菖蒲等。

专类植物花境:由一类或一种植物组成的花境,如蕨类植物花境、月季花境等。此类花境在植物变种或品种上要有差异,以求变化。

混合花境:主要指由灌木和宿根花卉混合构成的花境,在园林中应用较为普遍。

2.2.5.2.2　依规划设计方式不同来分

单面观赏花境:植物配置形成一个斜面,低矮植物在前,高的在后,建筑或绿篱作为背景,仅供游人单面观赏。

双面观赏花境:植物配置为中间较高,两边较低,可供游人从两面观赏,故无需背景。

2.2.5.3　布设位置

建筑物与道路之间:作为基础栽植,为单面观赏花境。

道路中央或两侧:在道路中央为两面观赏花境,两侧可为单面观赏花境,背景为绿篱或行道树、建筑物等。

与绿篱配合：在规则式园林中，常应用修剪整形的绿篱，在绿篱前方布置花境最为宜人。花境可装饰绿篱单调的基部，而绿篱又可作为花境的背景，二者相映成趣，相得益彰。在花境前设置园路，供游人驻足欣赏。

与花架游廊配合：花境是一连续的景观构图，可满足游人动态观赏的要求。沿着花架、游廊的两旁布置花境，可使游人在游览过程中，有景近赏。

与围墙、挡土墙配合：在围墙、挡土墙前面布置单面观赏花境，可丰富围墙、挡土墙立面景观。

图 4-48　各类花境

2.2.5.4　植物配置

植物选择：常采用花期较长、花色美丽、花朵花序呈垂直分布的多年生花卉和灌木。

配置方式：花境内部观赏植物以自然式花丛为基本单元进行配置，形成主调、基调、配调明确的连续演进的园林景观。

镶边植物：花境观赏面种植床的边缘通常要用植物进行镶边，镶边植物可以是多年生草本，也可以是常绿矮灌木，但要求四季常绿或茎叶美观。如葱兰、金叶女贞、瓜子黄杨等。镶边植物高度，一般草本花境不超过 15~20 cm，灌木花境不超过 30~40 cm。花境镶边的矮灌要经常修剪。

花境背景：双面观赏花境不需要背景，单面观赏花境则需设置背景，或为装饰性围墙、常绿绿篱等。

第五章 园林表现技法初步

一、园林要素的表示方法

1 地形表示法

地形的平面表示主要有图示、标注两种。等高线法是地形最基本的图示表示法,标注法主要标注某些特殊的高程。

1.1 等高线法

以某些参照水平为依据,用一系列等距离遐想的水平面切割地形后所获得的交线水平正投影图表示地形的方法。

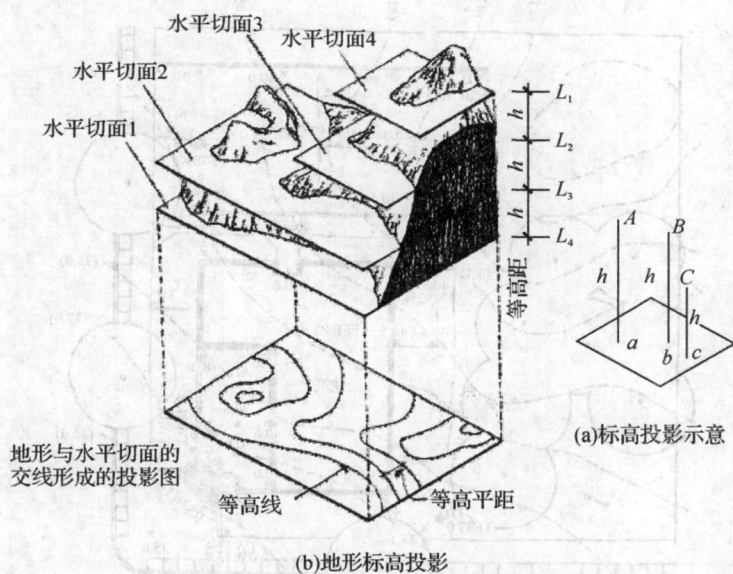

(a)标高投影示意

(b)地形标高投影

图 5-1 地形等高线示意图

两相邻的等高线切面(L)之间的垂直距离 h 为等高距,水平投影图中两相邻等高线之间的垂直距离为等高线平距。平距与所选位置有关,为变值。地形等高线图只有标注比例尺和等高距后才能解释地形。

一幅地形图只用两种等高线,一种是基本等高线——首曲线,常用细实线表示;另一种是每隔 4 根首曲线加粗一根并注上高程的等高线——计曲线。有时也把地形等高线用虚线，设计等高线用实线表示。

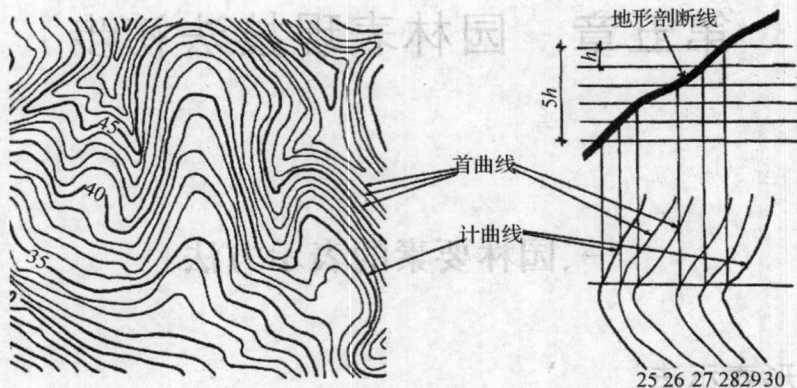

图 5-2　首曲线和计曲线

1.2　高程标注法

需要表示某些特殊地形点时，可用十字或圆点加注高程，高程常记录至小数点后两位，在场地平整、规划时常用。

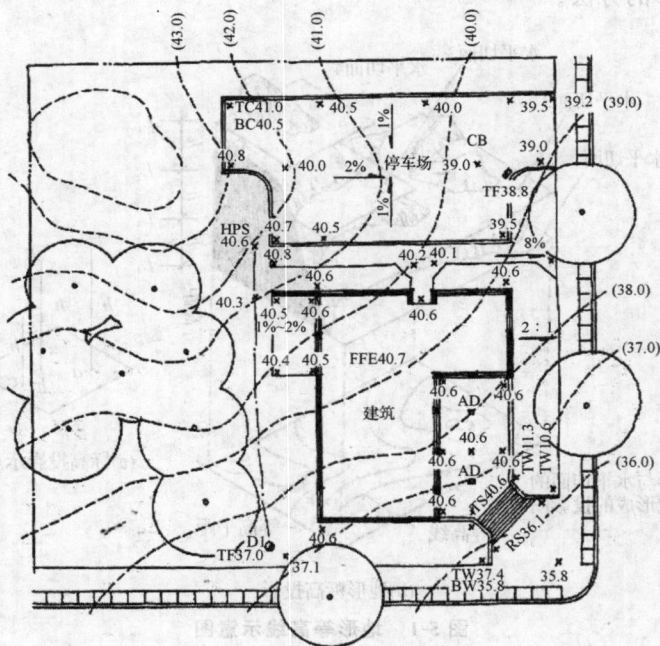

图 5-3　地形高程标注示意图

1.3　坡级法

用坡度等级表示地形的陡缓和分布的方法，常用于基地现状和坡度分析图。

定出坡度等级，用坡度的公式：$a = h/l \times 100\%$；算出临界平距 $l\ 5\%$、$l\ 10\%$、$l\ 20\%$，划

出等高线平距范围;用硬纸片做成临界平距的坡度尺或用直尺去量找相邻等高线间的所有临界平距位置(与两相邻等高线垂直);根据平距范围定出不同坡度的坡面,用线条或色彩加以区别(单色、复色)。

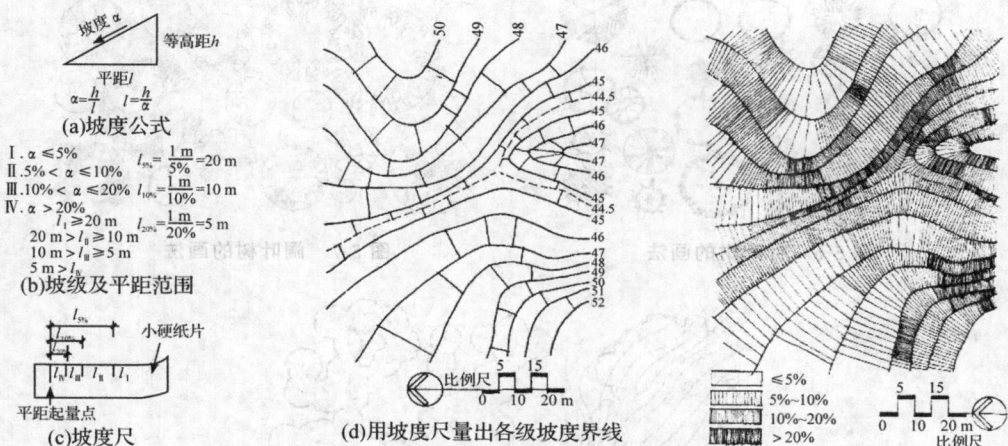

图 5-4　地形坡级法示意图

1.4　分布法

将整个地形的高程划分成间距相等的几个等级,并用单色加以渲染,各高度等级的色度随着高程从低到高的变化也逐渐由浅变深。

图 5-5　地形分布法示意图

2　树木的表示方法

2.1　树木的平面表示

可以树干位置为圆心,树冠平均半径为半径作圆,有轮廓形、分枝形、枝叶形、质感形等表示方法。当表示株株相连时,应互相避让,使图面成整体,当成林时可只勾林缘线。

轮廓形:平面只用线条勾勒轮廓,轮廓可光滑,也可有缺点或尖突。

分枝形:用线条组合表示树枝或枝干分叉,多表示落叶阔叶树,加斜线的轮廓形表示常绿树。

枝叶形:既表示分枝,又表示冠叶。树冠用轮廓形表示,也可用质感形表示。

质感形:用线条组合或排列表示树木的质感。

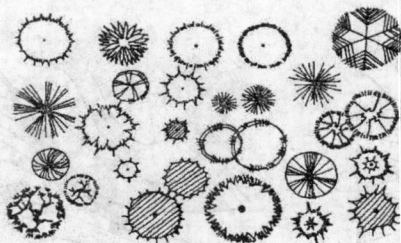

图 5-6　针叶树的画法

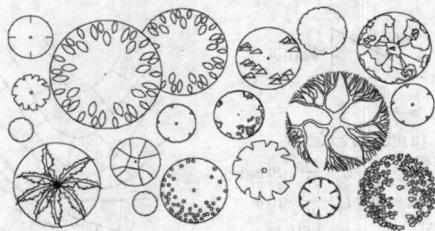

图 5-7　阔叶树的画法

图 5-8　大片树木的平面表示法

图 5-9　树丛的平面表示法

2.2　树冠的避让

当树冠下有花台、座椅、石块等,为不遮挡树下内容,树冠平面应简洁,可用简单轮廓线或小圆圈表示。如主要表示种植设计时,可不考虑树冠的避让。

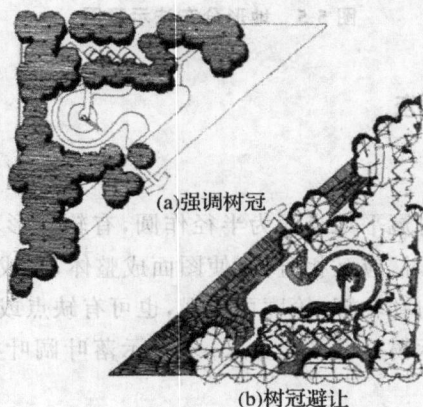

(a)强调树冠

(b)树冠避让

图 5-10　树冠的避让

2.3 树木的平面落影

平面落影可增加对比效果。地面落影与树冠的形状、光线和地面条件有关,常用落影圆表示。

树木的平面落影的画法:定光线方向(多为 45°或 90°),定出落影量,以等圆作树冠圆和落影圆,涂墨或上彩(可平涂、打点、明暗),擦除树冠下落影。

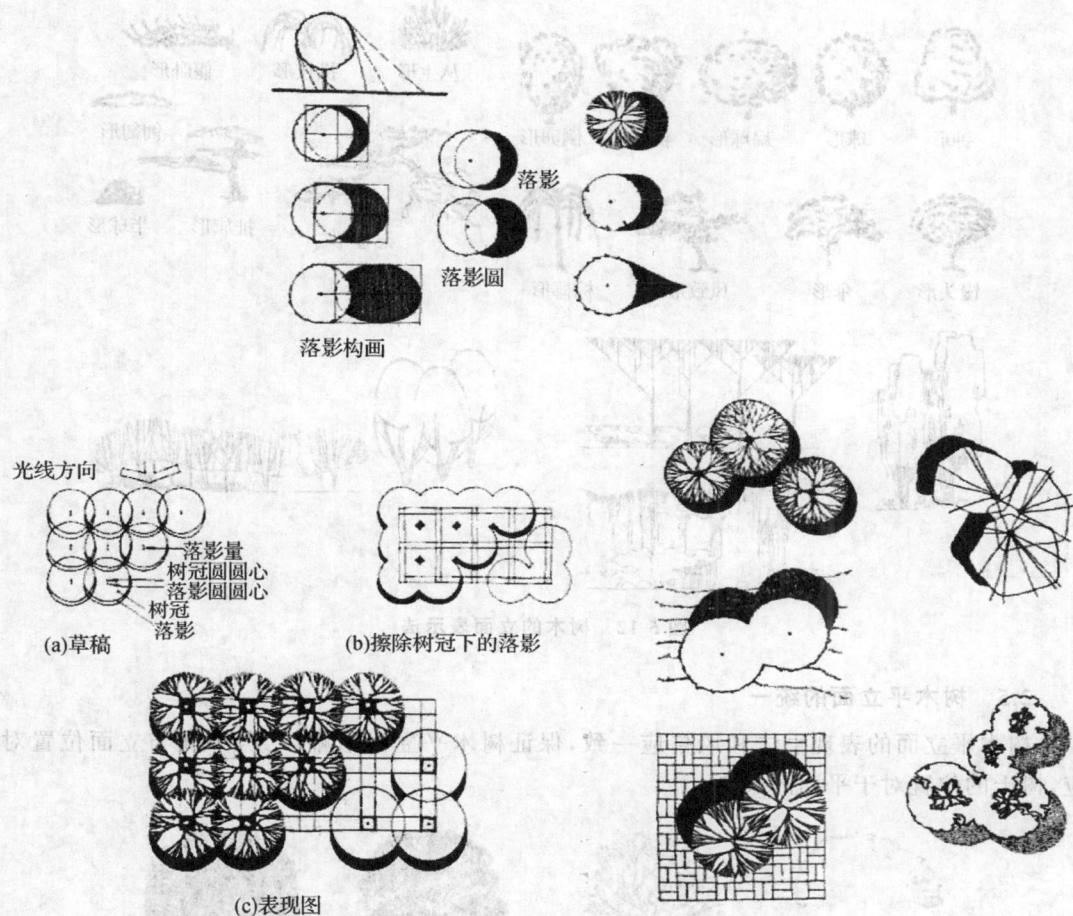

图 5-11　树木平面落影画法

2.4 树木的立面表示

有写实式(注重树木的形状、枝干、质感刻画)、图案式(注意个别特征,如树形、分枝);抽象变形式(加入抽象、扭曲、变形手法)等画法。

圆柱形　笔形　尖塔形　圆锥形　卵形　广卵形　　　芭蕉形　　垂枝形　　龙枝形

钟形　　球形　　扁球形　倒钟形　倒卵形　　丛生形　　拱枝形　　偃卧形

匍匐形

馒头形　　伞形　　风致形　棕榈形　　　悬崖形　　　扯旗形　半球形

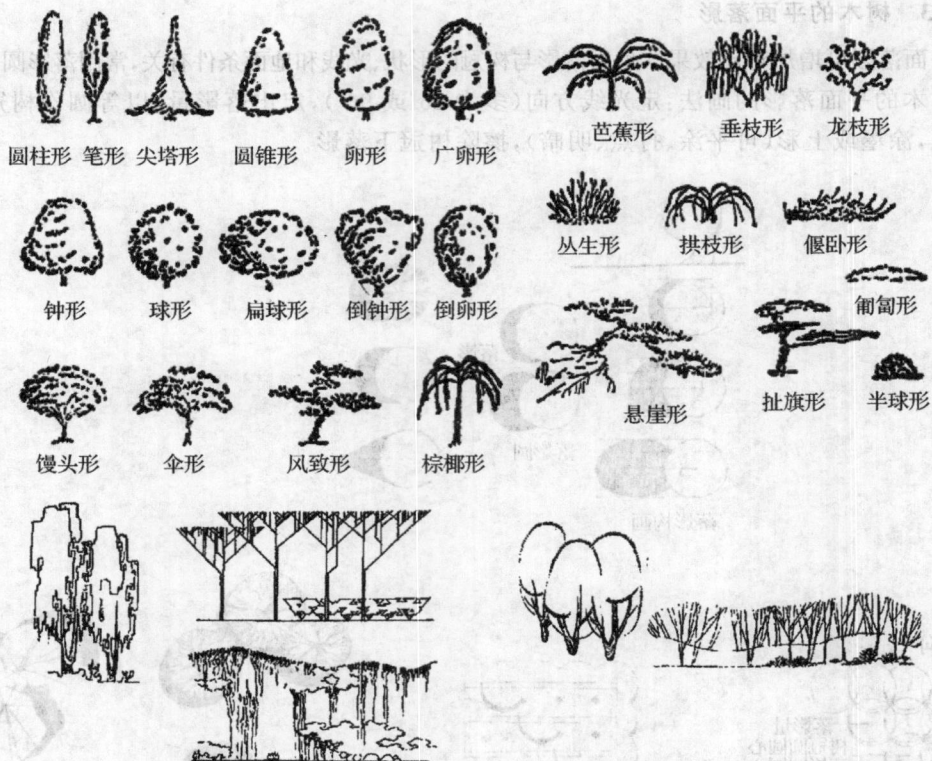

图 5-12　树木的立面表示法

2.5　树木平立面的统一

树木平立面的表现手法和风格应一致，保证树木平立面冠幅一致，平面与立面位置对应，树干的位置对于平面的圆心。

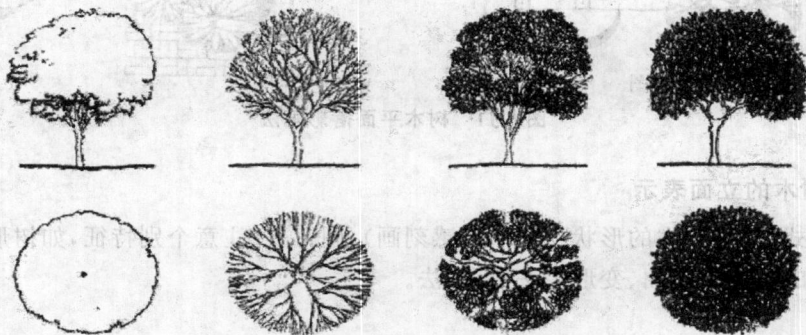

图 5-13　树木平立面的统一

3　灌木的表示法

灌木没有明显主干，平面形状有曲有直。修剪灌木、绿篱的边缘形状多规则或平滑。规则灌木常用轮廓形、分枝形、枝叶形表示。不规则灌木的形状多用轮廓形、质感形表示，以栽植的范围为界,用不规则细线勾勒。

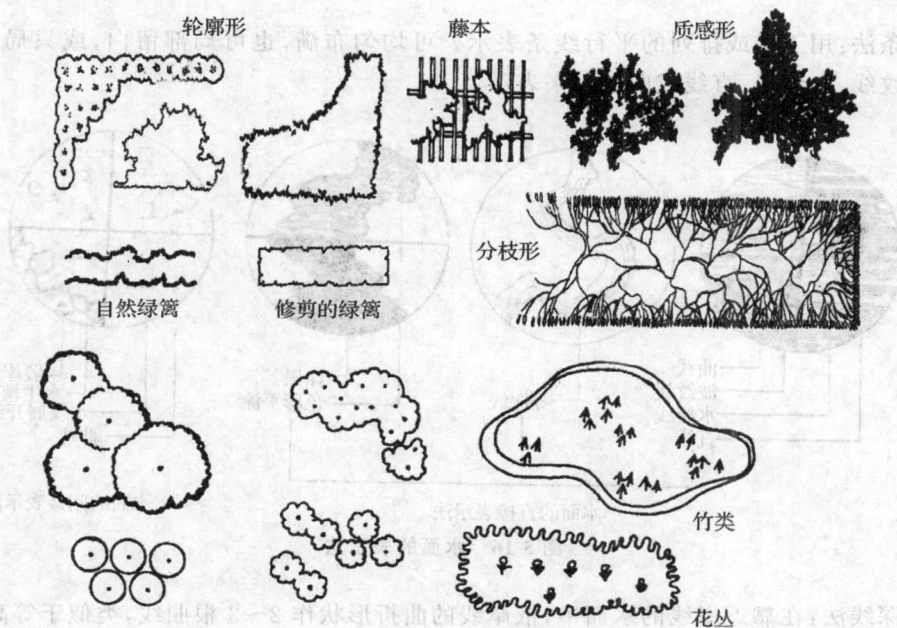

轮廓形　　　　　　　藤本　　　　　　质感形

分枝形

自然绿篱　　　修剪的绿篱

竹类

花丛

图 5-14　灌木的平面表示法

4　草坪的表示法

打点法:大小应相对一致,无论疏密,应相对均匀。

小短线法:将小短线排列成行,每行间距排列整齐。如排列不规整的,可表示草地或管理粗放的草坪。

线段排列法:线段排列整齐,行间有断断续续的重叠,或稍留空白,或行间留白。也可用斜线表示,排列方式可规则,可随意。

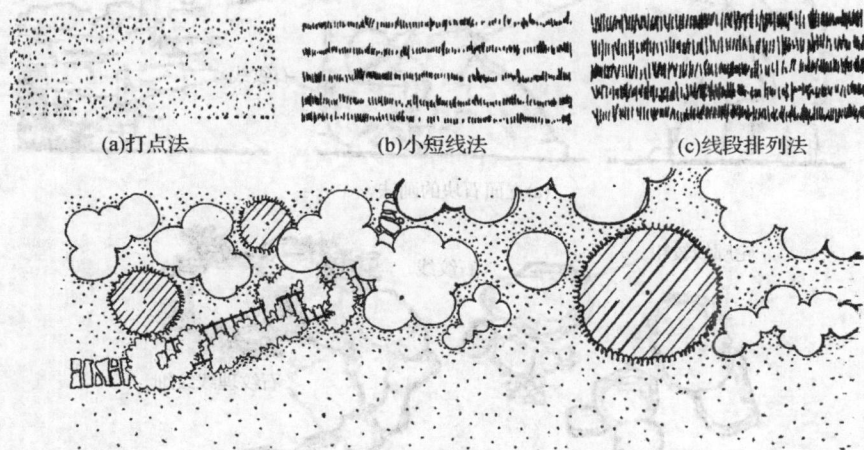

(a)打点法　　　　　　(b)小短线法　　　　　　(c)线段排列法

图 5-15　草坪的平面表示法

5 水面的表示法

线条法:用工具或排列的平行线条表示。可均匀布满,也可局部留白,或只局部画线。可用波纹线、水纹线、直线或曲线等来表示。

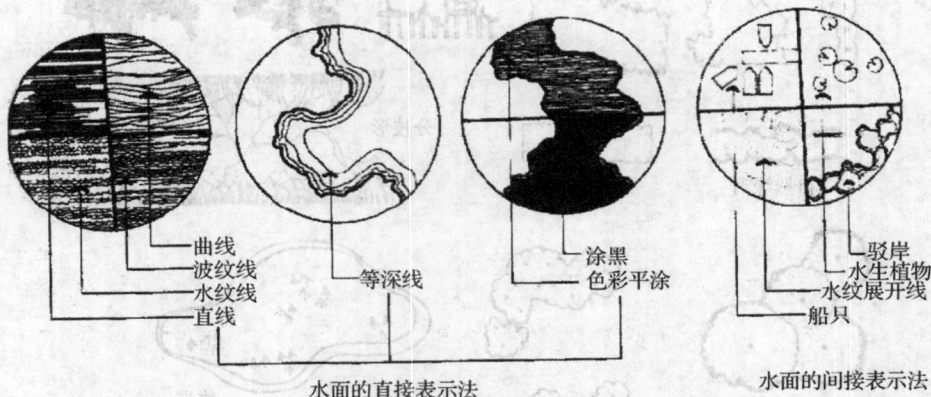

水面的直接表示法   水面的间接表示法

图 5-16　水面的表示法

等深线法:在靠近岸线的水面中,依岸线的曲折形状作 2～3 根曲线,类似于等高线的画法,多用于不规则水面的表示。

平涂法:用水彩或水墨平涂,可渲染成类似等深线效果。一般离岸线较远水面的颜色宜适当加深。

添景物法:通过在水面添加如水生植物或游船、码头、驳岸等,起到衬托水面的效果。

6 石块的表示法

石块的平、立面多用线条勾勒轮廓,轮廓线宜粗,纹理线宜细,剖面可加上斜纹线。线条排列、明暗、纹理应一致,以作出石块的质感变化。

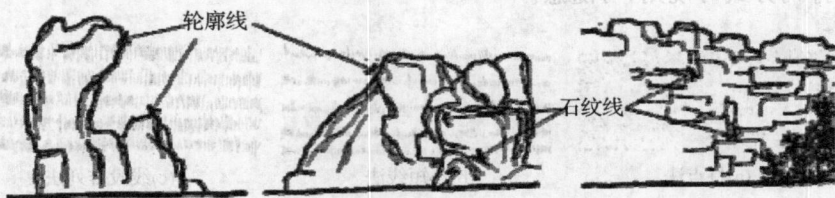

(a)立面石块的画法

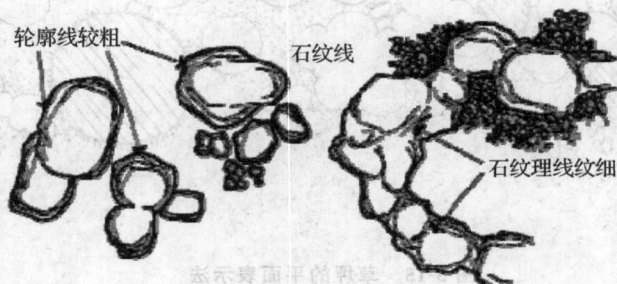

(b)平面石块的画法

(c)剖面石块的画法
图 5-17　石块的表示法

二、线稿表现

　　手绘表现的表现技巧和方法带有纯天然的艺术气质,在设计理性与艺术自由之间。设计师的表现技能和艺术风格是在实践中不断磨炼和积累中成熟起来的,因此,对技巧的理解和方法的掌握是画好手绘的前提。

图 5-18　手绘表现图

1　线条表现

　　线条具有极强的艺术表现力,是园林设计手绘的灵魂和生命。线条既可以用尺规画出规范严谨、美观、工整的图画,也可以手绘出富有弹性和生命力的图画。

图 5-19　线条表现图

2 钢笔手绘

园林设计者必须具备手绘线条的能力。在园林设计构思阶段,需要表达一些创意灵感或收集一些有用的资料时,都需要借助手绘来表达。

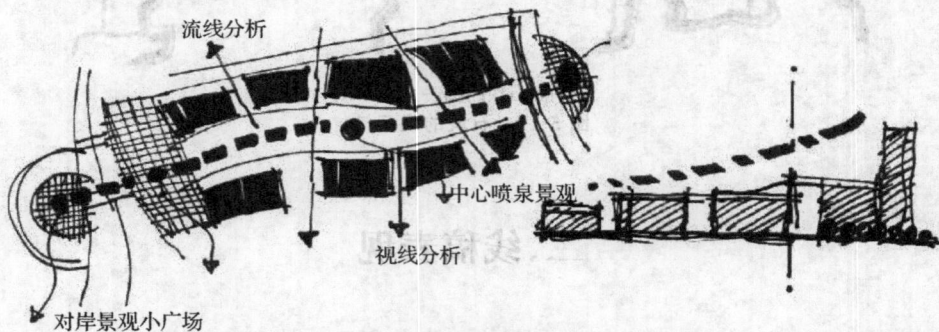

图 5-20 方案灵感表达

图 5-21 现场资料收集

徒手表现的工具多为钢笔。要画好一幅钢笔画,必须做到线条美观、流畅且松弛有度。画线条时要全神贯注,一气呵成,犹如书法,讲究抑扬顿挫,洒脱娴熟,婉转自如。

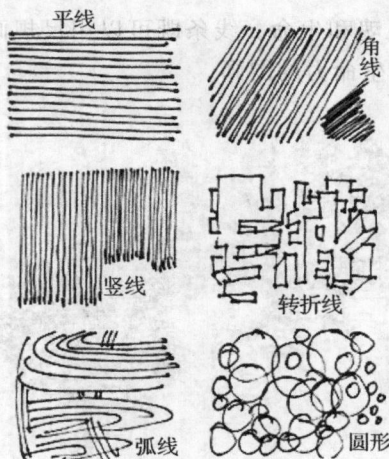

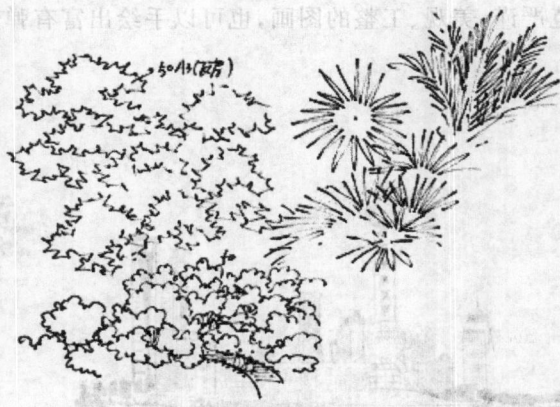

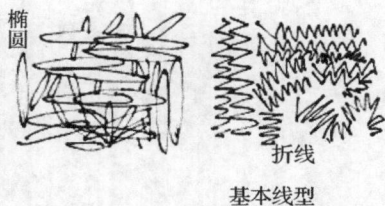

椭圆

折线

基本线型

线条的深度表达

图 5-22　钢笔基本技法

3　线条的明暗和质感表达

　　钢笔线条本身不具有明暗和质感的表现力，只有作画者通过对线条的理解，以线条粗细变化和疏密排列的运用来表现出形体的黑白灰关系，使所表达的物体具有体积感和空间感。线条越粗或越密，表现出的色块就越深。线条越细或越疏，则表现出的色块越浅。在黑白灰三大面中要把亮部、灰部、明暗交界、暗部、反光等五大调子表现得恰到好处，要求作画者具有深厚的素描功底。

图 5-23　线条的明暗和质感表现

三、色彩表现

1 淡彩的特性

水彩的颜色浓淡靠水分的多少来控制,水多了则淡,水少则为原色,水分的掌握就成了水彩画最重要的问题。

当第一遍颜色未干,再上第二遍颜色的时候,新的颜色会散开,可以让画面产生丰富的色彩变化。当第一遍颜色干后,再画第二遍颜色,即留下清晰的边缘,可用来明确物体的轮廓和画面的层次。根据画面效果,有时要趁湿抓紧时间,有时却又要让画面干透再行下步。

水彩画技法繁多,可先打湿纸再上色,也可以先上色,再用滴水冲淡,还可用撒盐等技法做特殊的肌理效果。在作画过程中,最忌多种颜色混合,颜色愈多愈不透明,就会失去水彩特有的艺术魅力。

2 钢笔淡彩画

2.1 铅笔起稿,最好不用橡皮,擦摩纸面会影响着色的匀净。

2.2 涂第一遍色,预先分析一下大体的色彩关系,从明度、纯度、冷暖等方面分析,找出层次,做到心中有数,再开始着色。

2.3 画近处树木、草地的颜色,在树冠半干的时候画树冠的暗部色彩。

2.4 深入刻画、调整完成。

3 彩色铅笔

彩色铅笔分为水溶性与蜡质两种。水溶性彩色铅笔较常用,具有色彩丰富、表现手段快速简洁的特点,与水混合具有浸润感,也可用手指擦抹出柔和的效果。

图 5-24　水溶性彩色铅笔　　　　　　　　图 5-25　蜡质彩色铅笔

水溶性彩色铅笔可配合马克笔使用,以弥补马克笔的不足,如大理石、青石板等粗糙面纹理材质的表现。但因其颗粒感较强,对于光滑质感的表现稍差,如玻璃、光面石材、亮面漆等。彩铅作画时要注意空间感的处理和材质的准确表达,避免画面太艳或太灰。由于彩铅叠加次数多了画面会发腻,所以用色要准确、下笔要果断。

彩色铅笔的基础技法:

平涂排线法:运用彩色铅笔均匀排列出铅笔线条,达到色彩一致的效果。

叠彩法:运用彩色铅笔排列出不同色彩的铅笔线条,色彩可重叠使用,变化较丰富。

水溶退晕法:利用水溶性彩色铅笔溶于水的特点,将彩色铅笔线条与水融合,达到退晕的效果。

需要注意的是,彩色铅笔不宜大面积单色使用,否则画面会显得呆板、平淡。绘制时注重虚实关系的处理和线条美感的体现。

彩铅绘制园林效果图,弥补马克笔表达不出的肌理感

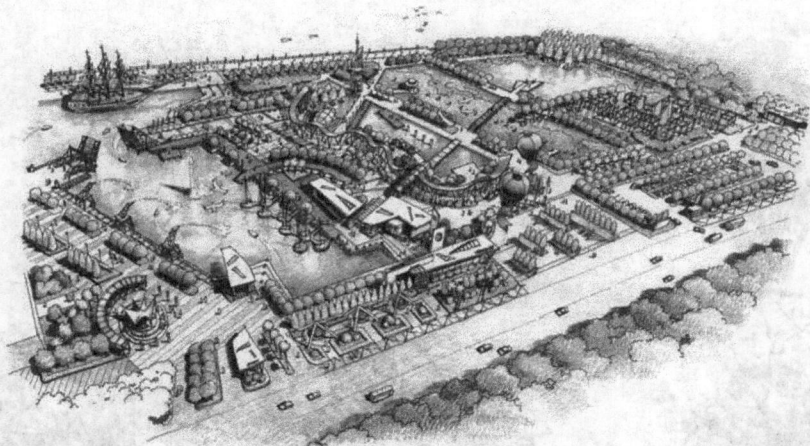

彩铅绘制园林鸟瞰图,表达出细腻的纵深感

图 5-26 彩铅效果图

4 马克笔

马克笔的色彩透明度高,具有很强的表现力,携带和使用方便。适用于马克笔的纸张种类比较多,如复印纸、白卡纸、牛皮纸、硫酸纸等,但最好选用不太吸水的纸张。

马克笔分为油性马克笔和水性马克笔两类。油性马克笔以二甲苯为颜料溶剂,色彩透明,色度很好。油性马克笔能明显闻出酒精味道,颜色比较饱和,笔触之间容易渗透,并且对纸张没有太大的伤害性,是手绘效果图主要着色工具,且易保存。水性马克笔则闻不出味道,颜色较柔和清淡,笔触之间渗透力较小,但在干透后,颜色会变浅,多次覆盖后,颜色会变浊,且随着时间变化,容易褪色,可与油性马克笔相配合使用。

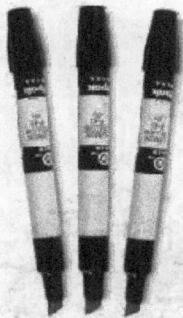

图 5-27 油性马克笔

图 5-28 水性马克笔

马克笔表现步骤一般是深色叠加浅色,否则浅色会稀释深色而使画面变脏。单支马克笔每叠加一遍色彩就会加重一级,也可以同类色叠加。尽量少用不同色系的大面积叠加,如黄和蓝、红和蓝、暖灰和冷灰等,否则色彩会变浊,会使画面显得脏而腻。

图 5-29　油性马克笔表现园林植物

图 5-30　水性马克笔风景写生

四、计算机辅助设计绘图

随着计算机软、硬件技术的发展,利用计算机技术绘制园林表现图已成为当前重要的表现形式,它给设计人员带来了方便快捷的制图操作。在方案的推敲、分析、表现等过程中,计算机都可以很好地协助设计,在表现图方面计算机很多时候甚至可以取代手绘,更能真实地反映设计理念和成果。当然,手绘作为设计师的基础素养,不可能被电脑替代,它是设计师从思维到图形的转换过程中所必备的工具,这一点计算机无法做到。

当前,在园林设计中经常用到的制图软件如 AutoCAD、3ds Max、SketchUp、Photoshop 等,可以完成从平面、立面、剖面图到效果图、施工图的绘制。

4.1　平面图的绘制

园林平面效果图的制作一般是在 AutoCAD 中完成方案设计后,将整体方案导入 Photoshop,运用 Photoshop 软件进行后期处理,添加各类配景,完善各园林要素的表现,调整色彩、光影、质感,最终完成园林平面效果图的制作。

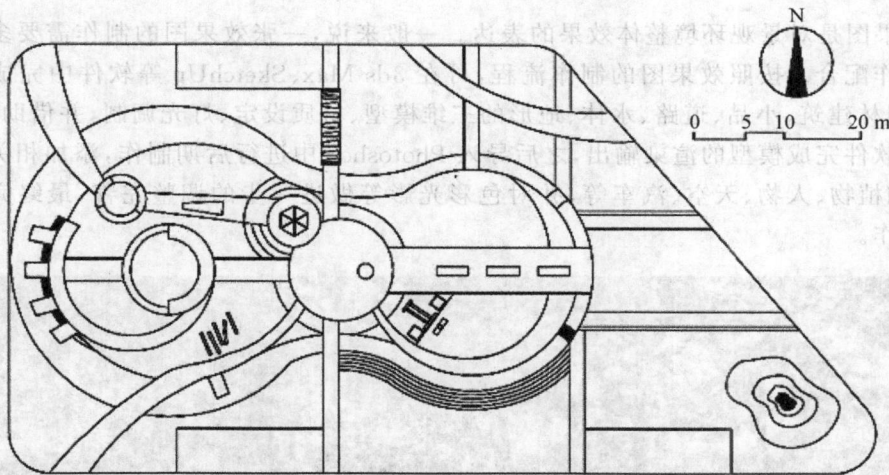

图 5-31　AutoCAD 绘制构思平面图

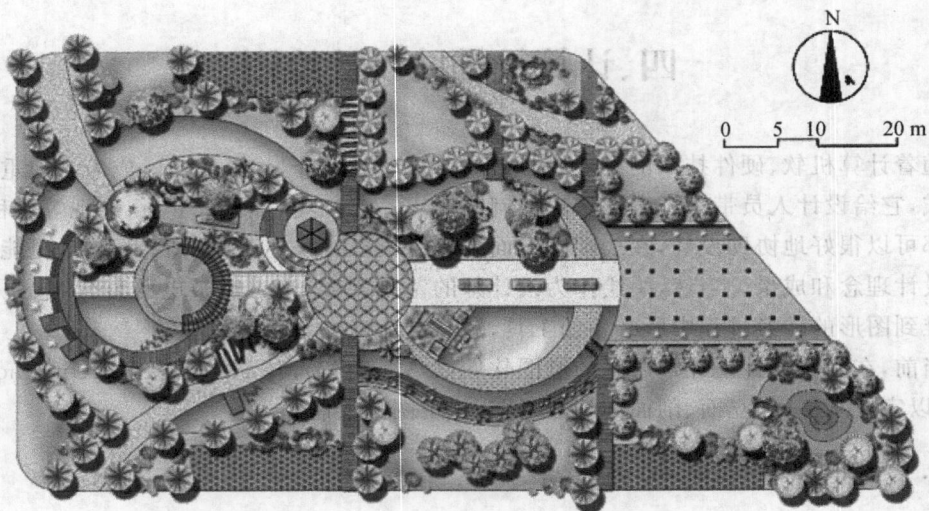

N

0 5 10   20 m

图 5-32　Photoshop 绘制彩色平面图

4.2　效果图的绘制

效果图是对景观环境整体效果的表达。一般来说，一张效果图的制作需要多个软件之间协作配合。按照效果图的制作流程，可在 3ds Max、SketchUp 等软件中完成主体框架，如园林建筑、小品、道路、水体、地形的三维模型、材质设定、灯光调制，并借助于 VRay 等渲染软件完成模型的渲染输出，之后导入 Photoshop 中进行后期制作，添加相关的配景素材，如植物、人物、天空、汽车等，并对色彩光影等做进一步的调整完善，最终完成效果图的制作。

图 5-33　SketchUp＋VRay＋Photoshop 绘制效果图

图 5-34　3ds Max 绘制地形

图 5-35　3ds Max＋VRay＋Photoshop 绘制鸟瞰图

第六章　园林规划设计流程与方法

一、园林规划设计的流程

园林规划设计是个由浅入深、不断完善的过程,依据园林类型的不同繁简各异。一般来说,设计过程包含五个部分,即任务书分析阶段、基地调查和分析阶段、方案设计阶段、详细设计阶段和施工图阶段,五个部分在相互联系与制约的基础上有着明确的职责划分。

1　任务书分析阶段

是设计的根本依据,编制以文字说明为主的文件。主要是了解设计委托方的具体要求,通常包括工程名称、规划范围、内容、用地环境、设计要求、时间期限、工程造价等等,设计者要熟知和理解任务书内容,从中确定合理的设计方向和内容,以便进行下一步深入的设计工作。

2　基地调查和分析阶段

主要是进行现场调查,收集与基地相关的资料,补充并完善不够完整的内容,对整个基地及环境情况进行综合分析。通常用各种标记符号、简要的文字说明在现状图上记录调查和分析的结果。

3　方案设计阶段

方案设计阶段的工作主要是方案的构思、方案的选择与确定以及方案的完成。包括确立设计的主题思想,结合活动内容进行功能分区,结合基地条件、空间及视觉构图确定各种使用区的平面位置(包括交通的布置、广场和停车场地的安排、建筑及入口的确定等内容)。主要文件包括文本说明书、工程概算书和设计图纸(如位置图、现状分析图、功能分区图、总体规划平面图、整体鸟瞰图、地形规划图、道路系统规划图、绿化规划图及管线规划图)。

4　详细设计阶段

详细设计阶段就是对方案的各方面进行详细的设计,包括确定准确的形状、尺寸、色彩和材料。完成各局部详细的平立剖面图、详图、园景的透视图、体现整体设计的鸟瞰图、综合管网图、局部种植图以及工程量总表。

5　施工图阶段

施工图阶段是将方案设计与施工设计衔接,根据所设计的方案,结合各工种的要求分别绘制出能具体、准确地指导施工的各种图面,准确地表示出各项设计内容的尺寸、位置、形状、材料、种类、数量、色彩以及构造和结构,完成施工总平面图、竖向施工图、园路广场施工图、种植施工图、假山施工图、园林建筑小品施工图、管线及电信施工图等。

二、园林规划设计的方法

园林设计作为一种创作活动,本身就是个复杂的过程,不同于制图技巧的训练,它需要创作主体具有丰富的想象力和灵活开放的思维方式。园林设计是一门综合性很强的学科,涉及建筑、生物、社会、文化、环境、行为、心理等众多学科,作为一名园林设计者,必须熟悉掌握相关学科的知识。在设计的过程中,需要科学、全面地分析调研,深入大胆地思考想象,必须综合平衡社会效益、经济效益、生态效益与个性特色几者之间的关系,方案需不断推敲、修改、发展、完善,在广泛论证的基础上优化选择最佳方案。因此,设计创意的好坏直接关系到设计作品的质量。好的创意可以使园林有独特的个性和可识别性,可以使园林布局有规律、规划与设计有章可循,有序有列。同时,好的创意,要求设计者有广泛的知识功底、有敏锐的洞察力、有丰富的想象力、有扎实的表达技巧。

清代钱泳在《履园丛话》中有这样的描述:"造园如作诗文,必使曲折有法,前后呼应,最忌堆砌,最忌错杂,方称佳构。"因而,园林设计应该力求达到设计、功能、情感和保护之间的平衡。

1　如何进行设计任务的分析

任务分析的目的就是通过对设计委托方的具体要求、地段环境、经济因素和相关规范资料等重要内容做系统的、全面的分析研究,明确该绿地所处地段的特征及周边环境,明确该绿地的面积和游人容量,明确该绿地总体设计的艺术特色和风格要求,明确该绿地总体地形设计和功能分区,为方案设计确立科学的依据。设计要求包括内容的要求和形式风格的要求两个方面。

1.1　内容的要求

园林用地的性质、服务对象的不同,其组成内容也不同。一个小型的街头休闲绿地只要提供人们休息、交谈、观景的功能,基本可满足需要。而一个综合性的公园需要的功能则更多,包括休闲娱乐、科普展览、儿童活动、安静休息、园务管理等。根据场地的性质分析出需要设计的内容,弄清楚各项内容之间的关系,进行合理的功能分区,能保证各种不同性质的活动内容的完整性。

1.2　形式风格的要求

根据不同用地的性质和活动内容的要求来分析其形式风格。布局形式上有自然式、规则式、混合式,设计风格上有现代风格、传统风格之分。一般纪念性质的景观绿地布局以规则式为主,给人的印象应该是庄重、肃穆的,而诸如居住区景观用地的布局多以自然式为主,形成简洁现代、亲切舒适的风格。因此首先必须准确分析用地类型的特点,确定风格形式。

2 如何进行基地调查和分析

基地调查研究的内容包括地段环境、人文环境和城市规划设计条件三个方面。

2.1 地段环境

基地自然条件:如地形、地貌、水体、土壤、地质构造、植被等。

气象资料:如日照条件、温度、风、降雨、小气候等。

周边建筑:地段内外相关建筑及构筑物状况(含规划的建筑)。

道路交通:现有和未来规划道路及交通状况。

城市区位:位于城市空间的位置。

市政设施:如水、暖、电、气、污、通信等管网的分布及供应情况。

污染状况:相关的空气污染、噪声污染和不良景观的方位及状况。

2.2 人文(社会)环境

城市性质:比如是政治、文化、金融、商业、旅游、交通、工业还是科技城市?是特大、大型、中型还是小型城市?

城市历史、文化风貌特色:和城市相关的文化风格、历史名胜、地方建筑。独特的人文环境可以创造出富有个性特色的空间造型。

2.3 城市规划设计条件

该条件是由城市规划管理职能部门依据法定的城市总体规划提出的。其目的是从城市宏观角度对具体的建设项目提出若干控制性限制要求,以确保城市整体环境的良性运行与发展。在设计前,要了解用地范围、面积、性质以及对于基地范围内构筑物高度的限定、绿化率要求等等。

2.4 经济技术因素分析

经济技术因素是指建设者所能提供用于建设的实际经济条件与可行的技术水平,它决定着园林建设的材料应用、规模等,是除功能、形式之外影响园林设计的另一个因素。

2.5 相关资料的调研与搜集

调研内容包括一般技术性了解(对设计构思、总体布局、平面组织和空间组织的基本了解)和使用管理情况调查两部分。最终调研成果应以图、文形式表达出来。

相关资料的搜集包括规范性资料和优秀设计图文资料两个方面。园林设计中涉及的一些规范是为了保障园林建设的质量水平而制定的,在设计中要做到熟悉掌握并严格遵守设计规范。

3 如何进行方案设计

本阶段的具体工作包括构思立意、方案设计和多方案比较。

3.1 如何构思立意

所谓构思立意就是设想设计的根据、设计的出发点等,即设想将园林设计成什么样子,什么风格,创造什么样的园林空间气氛,为什么要这样设计。中国的古典园林之所以能在世界范围内产生巨大的影响,归根到底是由于其中的构思立意非常独特,蕴含意境。

构思立意相当于文章的主题思想。所谓主题,就是希望表达或希望让使用者能体会和理解的主要思想或主张,构思的优劣决定整个设计的成败。

构思立意可以从任务的分析结论、功能分析的结论、设计者的喜好、文化含义的考虑来入手。构思立意可以多角度考虑问题,如模仿类似设计项目,从生态角度立意,从"诗情画意"出发立意,从"地方风情"出发立意,从"历史文化"出发立意,从生活或设计理念出发立意,从技术、材料等角度出发立意,从功能出发立意。

3.2 如何进行方案设计

方案构思是方案设计过程中至关重要的一个环节,它是在构思立意的思想指导下,把前期分析研究的成果具体落实到图纸上。方案构思的切入点是多样的,应该充分利用基地条件,从环境、形式、功能入手,运用多种手法形成一个方案的雏形。

3.2.1 从环境特点入手

某些环境因素如地形地貌、景观影响以及道路等均可成为方案构思的启发点和切入点。

3.2.2 从功能入手

从功能上入手,主要是考虑场地本身所需要提供的各种活动内容。分析场地周边的环境现状与内部用地的关系,布置合理的功能分区,尽量满足人们的使用要求。一般绿地都会布置公共的开敞活动场地、较为安静的休息区或者供儿童活动的区域等等,满足人们休息、交谈、观景的需要。一个综合性的公园需要的功能则更多,包括观赏浏览、安静休息、文化娱乐、儿童活动、老年人活动、体育活动、科普教育、服务设施、园务管理等等。功能分区的内容随着场地面积的大小而有所增减。

3.2.3 从形式入手

在满足一定的使用功能后,可在形式上有所创新,可以将一些自然现象及变化过程加以抽象,用艺术形式表现出来。

3.3 如何进行多方案比较

3.3.1 多方案比较的必要性

多方案比较对于园林设计而言,其最终目的是获得一个相对优秀的实施方案。通过多方案比较,我们可以拓展设计思路,从不同角度考虑问题,从中进行分析、比较、选择,最终得出最佳方案。

3.3.2 多方案构思的原则

为了实现方案的优化选择,多方案构思应满足以下原则。其一,多做方案,而且方案间的差别尽可能大。差异性保障了方案间的可比较性。其二,任何方案的提出都必须满足设计的环境需求与基本的功能。

3.3.3 多方案的比较,优化选择

分析比较的重点应集中在三个方面,即设计要求的满足程度、个性特色、修改调整的可能性。

3.3.4 方案的调整深化

在比较选择出最佳方案后,为了达到方案设计的最终要求,还需要一个修改调整和深化

的过程。

方案调整阶段的主要任务是解决多方案分析、比较过程中所发现的矛盾与问题,并弥补设计缺陷。对方案的调整应控制在适度的范围内,力求不影响或改变原有方案的整体布局和基本方案的深化。在进行方案调整的基础上,进行方案的深化。深化阶段要落实具体的设计要素的位置、尺寸及相互关系,将其准确无误地反映到平、立、剖及总图中来,并且要注意核对方案设计的技术经济指标,如建筑面积、铺装面积、绿化率等等。

3.4 如何进行平面布局

3.4.1 平面布局的依据:如基地条件、功能要求、主题要求、设计立意(如风格、空间气氛特点)等。

3.4.2 平面布局的要求:功能合理、主次分明、符合既定的风格特点要求、空间层次丰富清晰。

3.4.3 平面布局的方法:先大致进行功能分区,定出主要景点,之后确定其他景点和功能项目,设置主要道路系统,深入分析调整大布局,最后完善道路系统和各个景点及功能的关系。

3.5 方案的表现

方案的表现是方案设计的一个重要环节。根据目的性的不同,方案表现可以划分为设计推敲性表现与展示性表现两种。

设计推敲性表现:推敲性表现是设计师在各阶段构思过程中所进行的主要外在性工作,是设计师形象思维活动的记录与展现。主要以草图为主,可以是徒手草图、模型以及计算机模型。包括平面图、主要景观立面图、局部透视图、功能分析图、设计概念分析图等内容。草案表现图的目的主要供设计者深入推敲或与他人讨论之用,所以制作形式上可以随意一些,但一定要能够准确表达设计意图。需要注意的是,不要轻易推翻方案,设计推敲要由整体到局部。

展示性表现:展示性表现是指设计师对最终方案设计的表现。它要求该表现应具有完整明确、美观得体的特点,通过合理的构图、合适的表现充分展现方案设计的立意构思、空间形象以及气质特点等。

正式方案成果一般包括设计说明、总平面图、主要景观立面、各种分析图(功能分析图、景观分析图、道路系统分析图、绿化效果分析图、视线分析图等)、各个景点的设计图和效果图、总体鸟瞰图、各种辅助的意向图或参考图、主要绿化苗木清单、概算造价。

三、快速设计

1 快速设计的特点

设计过程快速(8小时之内),要求快速理解题意,快速分析要求,充分发挥灵感的催化作用。设计成果简练,要抓住影响设计方案全局的问题,如功能分区、布局、造型设计等。设计思维敏捷,设计表现奔放。

2 快速设计的误区

她套用现成方案模式，设计重点面面俱到，忽视了快速设计主要是方案的构思，忽视审题、急于上手，造成跑题、设计走弯路，时间把握心中无数。

3 快速设计的基础

要有正确的设计思维，用辩证法思考设计矛盾，要有同步思维，能够若干问题同时考虑，如同步考虑平面、立面的造型。能够遵循正确的设计方法、合理的设计路线，由整体到局部，能够运用正确的设计操作，由粗到细，能够掌握熟练的设计技巧，有能力进行造型设计，具有空间想象力，善于进行细部设计，掌握形式构图原理，如色彩、比例、尺度、对比等。

4 快速设计的评析

总体来看，一件成功的作品必须满足环境设计的条件（如绿化覆盖率、退让红线、消防要求），把握功能的合理布局，创造愉悦的空间形式，符合技术的基本要求，体现设计者的素质与修养。

附录一　园林基本术语标准(CJJ/T 91-2002)

1　总则

1.0.1　为了科学地统一和规范园林基本术语及其定义,制定本标准。

1.0.2　本标准适用于园林行业的规划、设计、施工、管理、科研、教学及其他相关领域。

1.0.3　采用园林基本术语及其定义,除应符合本标准的规定外,尚应符合国家有关强制性标准的规定。

2　通用术语

2.0.1　园林学(landscape architecture,garden architecture)　综合运用生物科学技术、工程技术和美学理论来保护和合理利用自然环境资源,协调环境与人类经济和社会发展,创造生态健全、景观优美、具有文化内涵和可持续发展的人居环境的科学和艺术。

2.0.2　园林(garden and park)　在一定地域内运用工程技术和艺术手段,通过因地制宜地改造地形、整治水系、栽种植物、营造建筑和布置园路等方法创作而成的优美的游憩境域。

2.0.3　绿化(greening,planting)　栽种植物以改善环境的活动。

2.0.4　城市绿化(urban green,urban planting)　栽种植物以改善城市环境的活动。

2.0.5　城市绿地(urban green space)　以植物为主要存在形态,用于改善城市生态,保护环境,为居民提供游憩场地和美化城市的一种城市用地。

3　城市绿地系统

3.1　城市绿地

3.1.1　公园绿地(public park)　向公众开放,以游憩为主要功能,兼具生态、美化、防灾等作用的城市绿地。

3.1.2　公园(park)　供公众游览、观赏、休憩,开展户外科普、文体及健身等活动,向社会开放,有较完善的设施及良好生态环境的城市绿地。

3.1.3　儿童公园(children park)　单独设置,为少年儿童提供游戏及开展科普、文化活动的公园。

3.1.4　动物园(zoo)　在人工饲养条件下,移动保护野生动物,供观赏、科普及科学知识、进行科学研究和动物繁育,并具有良好设施的绿地。

3.1.5　植物园(botanical garden)　进行植物科学研究和引种驯化,并供观赏、游憩及开展科普活动的绿地。

3.1.6　墓园(cemetery garden)　园林化的墓地。

3.1.7　盆景园(penjing garden,miniature landscape)　以盆景展示为主要内容的专类公园。

3.1.8　盲人公园(park for the blind)　以盲人为主要服务对象,配备以安全的设施,可以进行触觉感知、听觉感知和嗅觉感知等活动的公园。

3.1.9　花园(garden)　以植物观赏为主要功能的小型绿地。可独立设园,也可附属于宅院、建筑物或公园。

3.1.10　历史名园(historical garden and park)　历史悠久、知名度高、体现传统造园艺术并被审定为文物保护单位的园林。

3.1.11　风景名胜公园(famous scenic park)　位于城市建设用地范围内,以文物古迹、风景名胜点(区)为主形成的具有城市公园功能的绿地。

3.1.12　纪念公园(memorial park)　以纪念历史事件、缅怀名人和革命烈士为主题的公园。

3.1.13　街旁绿地(roadside green space)　位于城市道路用地之外,相对独立成片的绿地。

3.1.14　带状公园(linear park)　沿城市道路、城墙、水系等,有一定游憩设施的狭长形绿地。

3.1.15　专类公园(theme park)　具有特定内容或形式,有一定游憩设施的公园。

3.1.16　岩石园(rock garden)　模拟自然界岩石及岩生植物的景观,附属于公园内或独立设置的专类公园。

3.1.17　社区公园(community park)　为一定居住用地范围内的居民服务,具有一定活动内容和设施的集中绿地。

3.1.18　生产绿地(productive plantation area)　为城市绿化提供苗木、花草、种子的苗圃、花圃、草圃等圃地。

3.1.19　防护绿地(green buffer,green area for environmental protection)　城市中具有卫生、隔离和安全防护功能的绿化用地。

3.1.20　附属绿地(attached green space)　城市建设用地中除绿地之外各类用地中的附属绿化用地。

3.1.21　居住绿地(green space attached to housing estate,residential green space)　城市居住用地内除社区公园之外的绿地。

3.1.22　道路绿地(green space attached to urban road and square)　城市道路广场用地内的绿地。

3.1.23　屋顶花园(roof garden)　在建筑物顶上建造的花园。

3.1.24　立体绿化(vertical planting)　利用除地面资源以外的其他空间资源进行绿化的方式。

3.1.25　风景林地(scenic forest land)　具有一定景观价值,对城市整体风貌和环境起改善作用,但尚没有完善的游览、休息、娱乐等设施的林地。

3.2　城市绿地系统规划

3.2.1　城市绿地系统(urban green space system)　由城市中各种类型和规模的绿化用地组成的整体。

3.2.2 城市绿地系统规划(urban green space system planning) 对各种城市绿地进行定性、定位、定量的统筹安排,形成具有合理结构的绿地空间系统,以实现绿地所具有的生态保护、游憩休闲和社会文化等功能的活动。

3.2.3 绿地覆盖面积(green coverage) 城市中所有植物的垂直投影面积。

3.2.4 绿地覆盖率(percentage of greenery coverage) 一定城市用地范围内,植物的垂直投影面积占该用地总面积的百分比。

3.2.5 绿地率(greening rate,ratio of green space) 一定城市用地范围内,各类绿化用地总面积占该城市用地面积的百分比。

3.2.6 绿带(green belt) 在城市组团之间、城市周围或相连城市之间设置的用以控制城市扩展的绿地开敞空间。

3.2.7 楔形绿地(green wedge) 从城市外围嵌入城市内部的绿地,因反映在城市总平面图上呈楔形而得名。

3.2.8 城市绿线(boundary line of urban green space) 在城市规划建设中确定的各种城市绿地的边界线。

4 园林规划与设计

4.1 园林史

4.1.1 园林史(landscape history,garden history) 园林及其相关因素发生、发展和演变的历史。

4.1.2 古典园林(classical garden) 对古代园林和具有典型古代园林风格的园林作品的统称。

4.1.3 囿(hunting park) 中国古代供帝王贵族进行狩猎、游乐的一种园林类型。

4.1.4 苑(enclosed ground for growing trees, keeping animals, etc.) 在囿的基础上发展起来的,建有宫室和别墅,供帝王居住、游乐、宴饮的一种园林类型。

4.1.5 皇家园林(royal garden) 古代皇帝或皇室享用的,以游乐、狩猎、休闲为主,兼有治政、居住等功能的园林。

4.1.6 私家园林(private garden) 古代官僚、文人、地主、富商所拥有的私人宅园。

4.1.7 寺庙园林(monastery garden) 指寺庙、宫观和祠院等宗教建筑的附属花园。

4.2 园林艺术

4.2.1 园林艺术(garden art) 在园林创作中,通过审美创造活动再现自然和表达情感的一种艺术形式。

4.2.2 相地(site investigation) 泛指对园址场地条件的勘察、体察、分析和利用。

4.2.3 造景(landscaping) 使环境具有观赏价值或更高观赏价值的活动。

4.2.4 借景(borrowed scenery,view borrowing) 对景观自身条件加以利用,或借用外部景观从而完善园林自身的方法。

4.2.5 园林意境(poetic imagery of garden) 通过园林的形象所反映的情感,使游赏者触景生情,产生情景交融的一种艺术境界。

4.2.6 透景线(perspective line) 在树木或其他物体中间保留的可透视远方景物的空

间。

4.2.7 盆景（miniature landscape，penjing） 呈现于盆器中的风景或园林花木景观的艺术缩制品。

4.2.8 插花（flower arrangement） 以植物为主要材料，经过艺术加工而成的作品。

4.2.9 季相（seasonal appearance of plant） 植物在不同季节表现出的外观。

4.3 规划设计

4.3.1 园林规划（garden planning，landscaping planning） 综合确定、安排园林建设项目的性质、规模、发展方向、主要内容、基础设施、空间综合布局、建设分期和投资估算的活动。

4.3.2 园林布局（garden layout） 确定园林各种构成要素的位置和相互之间关系的活动。

4.3.3 园林设计（garden design） 使园林的空间造型满足游人对其功能和审美要求的相关活动。

4.3.4 公园最大游人量（maximum visitors capacity in park） 在游览旺季的日高峰小时内同时在公园中游览活动的总人数。

4.3.5 地形设计（topographical design） 对原有地形、地貌进行工程结构和艺术造型的改造设计。

4.3.6 园路设计（garden path design） 确定园林中道路的位置、线形、高程、结构和铺装形式的设计活动。

4.3.7 种植设计（planting design） 按植物生态习性和园林规划设计的要求，合理配置各种植物，以发挥它们的园林功能和观赏特性的设计活动。

4.3.8 孤植（specimen planning，isolated planting） 单株树木栽植的配植方式。

4.3.9 对植（opposite planting，coupled planting） 两株树木在一定轴线关系下相对应的配植方式。

4.3.10 列植（linear planting） 沿直线或曲线以等距离或按一定的变化规律而进行的植物种植方式。

4.3.11 群植（group planting，mass planting） 由多株树木成丛、成群的配植方式。

4.4 园林植物

4.4.1 园林植物（landscape plant） 适于园林中栽种的植物。

4.4.2 观赏植物（ornamental plant） 具有观赏价值，在园林中供游人欣赏的植物。

4.4.3 古树名木（historical tree and famous wood species） 古树泛指树龄在百年以上的树木；名木泛指珍贵、稀有或具有历史、科学、文化价值以及有重要纪念意义的树木，也指历史和现代名人种植的树木，或具有历史事件、传说及神话故事的树木。

4.4.4 地被植物（ground cover plant） 株丛密集、低矮，用于覆盖地面的植物。

4.4.5 攀缘植物（climbing plant，climber） 以某种方式攀附于其他物体上生长，主干茎不能直立的植物。

4.4.6 温室植物（greenhouse plant） 在当地温室或保护地条件下才能生长的植物。

4.4.7 花卉（flowering plant） 具有观赏价值的草本植物、花灌木、开花乔木以及盆景类植物。

4.4.8　行道树（avenue tree,street tree）　沿道路或公路旁种植的乔木。

4.4.9　草坪（lawn）　草本植物经人工种植或改造后形成的具有观赏效果,并能供人适度活动的坪状草地。

4.4.10　绿篱（hedge）　成行密植,做造型修剪而形成的植物墙。

4.4.11　花篱（flower hedge）　用开花植物栽植、修剪而成的一种绿篱。

4.4.12　花境（flower border）　多种花卉交错混合栽植,沿道路形成的花带。

4.4.13　人工植物群落（man-made planting habitat）　模仿自然植物群落栽植的、具有合理空间结构的植物群体。

4.5　园林建筑

4.5.1　园林建筑（garden building）　园林中供人游览、观赏、休憩并构成景观的建筑物或构筑物的统称。

4.5.2　园林小品（small garden ornaments）　园林中供休息、装饰、景观照明、展示和为园林管理及方便游人之用的小型设施。

4.5.3　园廊（veranda,gallery,colonnade）　园林中屋檐下的过道以及独立有顶的过道。

4.5.4　水榭（waterside pavilion）　供游人休息、观赏风景的临水园林建筑。

4.5.5　舫（boat house）　供游玩宴饮、观景之用的仿船造型的园林建筑。

4.5.6　园亭（garden pavilion,pavilion）　供游人休息、观景或构成景观的开敞或半开敞的小型园林建筑。

4.5.7　圆台（platform）　利用地形或在地面上垒土、筑石成台形,顶部平整,一般在台上建屋宇房舍或仅有围栏,供游人登高览胜的园林构筑物。

4.5.8　月洞门（moon gate）　开在园墙上,形状多样的门洞。

4.5.9　花架（pergola,trellis）　可攀爬植物,并提供游人遮阴、休憩和观景之用的棚架或格子架。

4.5.10　园林楹联（couplet written on scroll,couplet on pillar）　悬挂或张贴在园林建筑壁柱上的联语。

4.5.11　园林匾额（bian'e in garden）　挂在厅堂或亭榭等园林建筑上的题字横牌。

5　园林工程

5.0.1　园林工程（garden engineering）　园林中除建筑工程以外的室外工程。

5.0.2　绿化工程（plant engineering）　有关植物种植的工程。

5.0.3　大树移植（big tree transplanting）　将胸径在 20 cm 以上的落叶乔木和胸径在 15 cm 以上的常绿乔木移栽到异地的活动。

5.0.4　假植（heeling in,temporary planting）　苗木不能及时栽植时,将苗木根系用湿润土壤做临时性填埋的绿化工程措施。

5.0.5　基础种植（foundation planting）　用灌木或花卉在建筑物或构筑物的基础周围进行绿化、美化栽植。

5.0.6　种植成活率（ratio of living tree）　种植植物的成活数量与种植植物总量的百

分比。

5.0.7　适地适树(planting according to the environment)　因立地条件和小气候而选择相适应的植物种进行的绿化。

5.0.8　造型修剪(topiary)　将乔木或灌木做修剪造型的一种技艺。

5.0.9　园艺(horticulture)　指蔬菜、果树、观赏植物等的栽培、繁育技术和生产管理方法。

5.0.10　假山(rockwork, artificial hill)　园林中以造景或登高览胜为目的,用土、石等材料人工构筑的模仿自然山景的构筑物。

5.0.11　置石(stone arrangement, stone layout)　以石材或仿石材料布置成自然露岩景观的造景手法。

5.0.12　掇山(piled stone hill, hill making)　用自然山石掇叠而成假山。

5.0.13　塑山(man-made rockwork)　用艺术手法将人工材料塑造成假山。

5.0.14　园林理水(water system layout in garden)　造园中的水景处理。

5.0.15　驳岸(revetment in garden)　保护园林水体岸边的工程设施。

5.0.16　喷泉(fountain)　经加压后形成的喷涌水流。

6　风景名胜区

6.0.1　风景名胜区(landscape and famous scenery)　指风景名胜资源集中、环境优美、具有一定规模和游览条件,可供人们游览欣赏、休憩娱乐或进行科学文化活动的地域。

6.0.2　国家重点风景名胜区(national park of China)　经国务院审定公布的风景名胜区。

6.0.3　风景名胜区规划(landscape and famous scenery planning)　保护培育、开发利用和经营管理风景名胜区,并发挥其多种功能作用的统筹部署和具体安排。

6.0.4　风景名胜(famous scenery, famous scenic site)　著名的自然或人文景点、景区和风景区域。

6.0.5　风景资源(scenery resource)　能引起审美与欣赏活动,可以作为风景游览对象和风景开发利用的事物的总称。

6.0.6　景物(view, feature)　具有独立欣赏价值的风景素材的个体。

6.0.7　景点(feature spot, view spot)　由若干相互关联的景物所构成,具有相对独立性和完整性,并具有审美特征的基本境域单元。

6.0.8　景区(scenic zone)　根据风景资源类型、景观特征或游人观赏需求而将风景区划分成的一定用地范围。

6.0.9　景观(landscape, scenery)　可引起良好视觉感受的某种景象。

6.0.10　游览线(touring route)　为游人安排的游览、欣赏风景的路线。

6.0.11　环境容量(environmental capacity)　在一定的时间和空间范围内所能容纳的合理的游人数量。

6.0.12　国家公园(national park)　国家为合理地保护和利用自然、文化遗产而设立的大规模的保护区域。

附录二 风景园林制图标准(CJJ/T 67-2015)

1 总则

1.0.1 为规范风景园林的制图,准确表达图纸信息,保证制图质量,制定本标准。

1.0.2 本标准适用于风景园林规划和设计制图。

1.0.3 风景园林规划设计图纸的基本内容和深度应符合本标准附录 A 的有关规定。

1.0.4 风景园林规划和设计制图除应符合本标准的规定外,尚应符合国家现行有关标准的规定。

2 基本规定

2.0.1 风景园林规划制图应为彩图;方案设计制图可为彩图;初步设计和施工图设计制图应为墨线图。

2.0.2 标准图纸宜采用横幅,图纸图幅及图框尺寸应符合表 2.0.2 的规定。

表 2.0.2 图纸图幅及图框尺寸(mm)

尺寸代号 \ 幅面	0 号图幅 (A0)	1 号图幅 (A1)	2 号图幅 (A2)	3 号图幅 (A3)	4 号图幅 (A4)
$b \times l$	841×1189	594×841	420×594	297×420	210×297
c		10			5
a			25		

注:b 为图幅短边的尺寸;l 为图幅长边的尺寸;c 为图幅线与图框边线的宽度;
a 为图幅线与装订边的宽度。

2.0.3 当图纸图界与比例的要求超出标准图幅最大规格时,可将标准图幅分幅拼接或加长图幅,加长的图幅应有一对边长与标准图幅的短边边长一致。

2.0.4 制图应以专业地形图作为底图,底图比例应与制图比例一致。制图后底图信息应弱化,突出规划设计信息。

2.0.5 图纸基本要素应包括:图题、指北针和风向玫瑰图、比例和比例尺、图例、文字说明、规划编制单位名称及资质等级、编制日期等。

2.0.6 制图可用图线、标注、图示、文字说明等形式表达规划设计信息,图纸信息排列应整齐,表达完整、准确、清晰、美观。

2.0.7 制图中的计量单位应使用国家法定计量单位;符号代码应使用国家规定的数字和字母;年份应使用公元年表示。

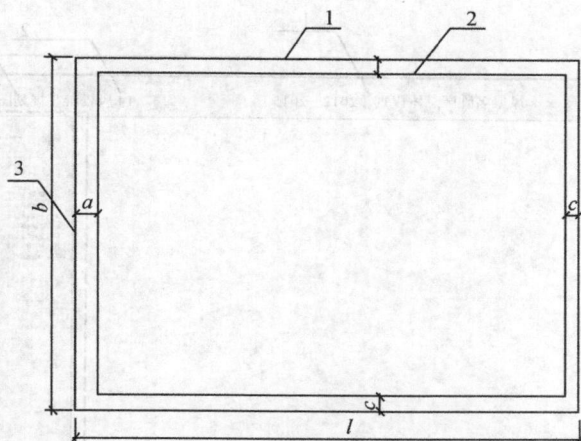

图 2.0.2　图纸图幅及图框尺寸示意

b—图幅短边的尺寸；l—图幅长边的尺寸；

c—图幅线与图框边的宽度；a—图幅线与装订边的宽度；

1—图幅线；2—图框边线；3—装订边

2.0.8　制图中所用的字体应统一，同一图纸中文字字体种类不宜超过两种。应使用中文标准简化汉字。需加注外文的项目，可在中文下方加注外文，外文应使用印刷体或书写体等。中文、外文均不宜使用美术体。数字应使用阿拉伯数字的标准体或书写体。

3　风景园林规划制图

3.1　图纸版式与编排

3.1.1　规划图纸版式应符合下列规定：

1　应在图纸固定位置标注图题并绘制图标栏和图签栏，图标栏和图签栏可统一设置，也可分别设置（图 3.1.1）。

2　图题宜横写，位置宜选在图纸的上方，图题不应遮盖图中现状或规划的实质内容。图题内容应包括：项目名称（主标题）、图纸名称（副标题）、图纸编号或项目编号（图 3.1.1）。

3　除示意图、效果图外，每张图纸的图标栏内均应在固定位置绘制和标注指北针和风向玫瑰图、比例和比例尺、图例、文字说明等内容（图 3.1.1）。

4　图签栏的内容应包括规划编制单位名称及资质等级、编绘日期等。规划编制单位名称应采用正式全称，并可加绘其标识徽记（图 3.1.1）。

5　用于讲解、宣传、展示的图纸可不设图标栏或图签栏，可在图纸的固定位置署名。

3.1.2　图纸编排顺序宜为：现状图纸、规划图纸，图纸顺序应与规划文本的相关内容顺序一致。

3.2　图界

3.2.1　图界应涵盖规划用地范围、相邻用地范围和其他与规划内容相关的范围。

3.2.2　当用一张图幅不能完整地标出图界的全部内容时，可将原图中超出图框边以外的内容标明连接符号后，移至图框边以内的适当位置上，但其内容、方位、比例应与原图保持

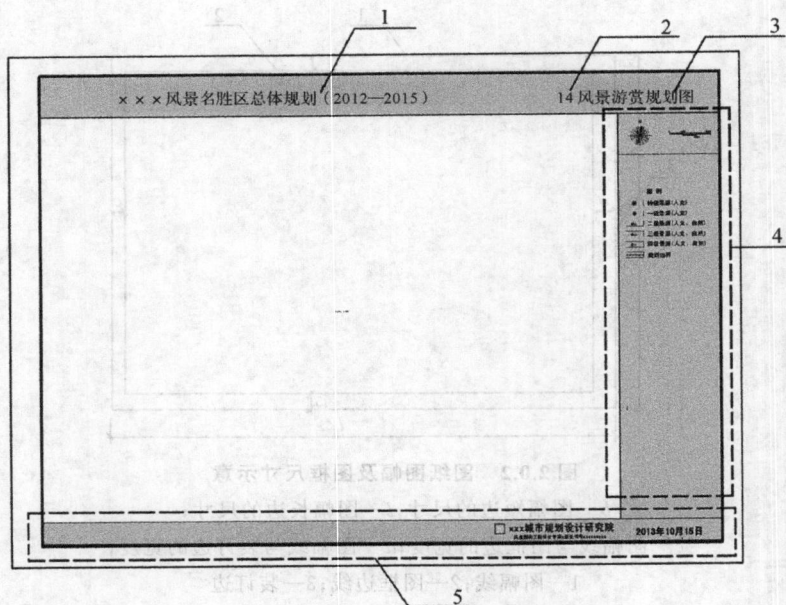

图 3.1.1　规划图纸版式示例

1—项目名称（主标题）；2—图纸编号；3—图纸名称（副标题）；

4—图标栏；5—图签栏

一致，并不得压占原图中的主要内容。

3.2.3　当图纸按分区分别绘制时，应在每张分区图纸中绘制一张规划用地关系索引图，标明本区在总图或规划区中的位置和范围。

3.3　指北针、风向玫瑰图、比例尺

3.3.1　指北针与风向玫瑰图可一起标绘，也可单独标绘。当规划区域分成几个组团并有不同的风向特征时，应在相应的图上绘制各组团所在地的风向玫瑰图，或用文字标明该风向玫瑰图的适用地域。风向玫瑰图绘制应符合现行行业标准《城市规划制图标准》CJJ/T 97的相关规定。

3.3.2　比例尺的制作应符合现行行业标准《城市规划制图标准》CJJ/T 97的相关规定。城市绿地系统规划图纸的制图比例应与相应的城市总体规划图纸的比例一致。风景名胜区总体规划图纸的制图比例和比例尺应符合现行国家标准《风景名胜区规划规范》GB 50298中的相关规定。

3.4　图线

3.4.1　图纸中应用不同线型、不同颜色的图线表示规划边界、用地边界及道路、市政管线等内容。

3.4.2　风景园林规划图纸图线的线型、线宽、颜色及主要用途应符合表3.4.2的规定。

表 3.4.2 风景园林规划图纸图线的线型、线宽、颜色及主要用途

名称	线型	线宽	颜色	主要用途
实线		0.10b	C=67 Y=100	城市绿线
		0.30b～0.40b	C=22 M=78 Y=57 K=6	宽度小于 8 m 的风景 名胜区车行道路
		0.20b～0.30b	C=27 M=46 Y=89	风景名胜区 步行道路
		0.10b	C=27 M=46 Y=89	各类用地边线
双实线		0.10b	C=31 M=93 Y=100 K=42	宽度大于 8 m 的 风景名胜区道路
点画线	或	0.40b～0.60b	C=3 M=98 Y=100 或 K=80	风景名胜区核心 景区界
	或	0.60b	C=3 M=98 Y=100 或 K=80	规划边界和用地 红线
双点 画线	或	b	C=3 M=98 Y=100 或 K=80	风景名胜区界
虚线	或	0.40b	C=3 M=98 Y=100 或 K=80	外围控制区 （地带）界
		0.20b～0.30b	K=80	风景名胜区景区界、 功能区界、保护 分区界
		0.10b	K=80	地下构筑物或特殊 地质区域界

注：1 b 为图线宽度，视图幅以及规划区域的大小而定。

2 风景名胜区界、风景名胜区核心景区界、外围控制区（地带）界、规划边界和用地红线应用红色，当使用红色边界不利于突出图纸主体内容时，可用灰色。

3 图形颜色由 C（青色）、M（洋红色）、Y（黄色）、K（黑色）4 种印刷油墨的色彩浓度确定；图形颜色中字母对应的数值为色彩浓度百分值，表中缺省的油墨类型的色彩浓度百分值一律为 0。

3.5 图例

3.5.1 图纸中应标绘图例。图例由图形外边框、文字与图形组成（图 3.5.1）。每张图纸图例的图形外边框、文字大小应保持一致。图形外边框应采用矩形，矩形高度可视图纸大小确定，宽高比宜为 2∶1～3.5∶1；图形可由色块、图案或数字代号组成，绘制在图形外边框的内部并居中。采用色块作为图形的，色块应充满图形外边框；文字应标注在图形外边框右侧，是对图形内容的注释。文字标注应采用黑体，高度不应超过图形外边框的高度。

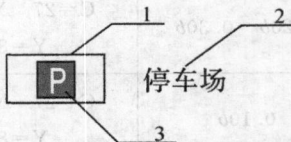

图 3.5.1 风景园林规划图图例
1—图形外边框；2—文字；3—图形

3.5.2 制图时需要对所示图例的同一大类进行细分时，可在相应的大类图形中加绘方框，并在方框内加注细分的类别代号。

3.5.3 城市绿地系统规划图纸中用地图例的图形、文字和图形颜色应符合表 3.5.3 的规定，图形分类应符合现行行业标准《城市绿地分类标准》CJJ/T 85 中的相关规定。

表 3.5.3 城市绿地系统规划图纸中的用地图例

名称	图形	文字	图形颜色
1		公园绿地	C＝55　M＝6　Y＝77
2		生产绿地	C＝53　M＝8　Y＝53
3		防护绿地	C＝36　M＝15　Y＝54
4		附属绿地	C＝15　M＝4　Y＝36
5		其他绿地	C＝19　M＝2　Y＝23

注：图形颜色由 C（青色）、M（洋红色）、Y（黄色）、K（黑色）4 种印刷油墨的色彩浓度确定；图形颜色中字母对应的数值为色彩浓度百分值，表中缺省的油墨类型的色彩浓度百分值一律为 0。

3.5.4 风景名胜区总体规划图纸中的用地分类、保护分类、保护分级图例应符合表 3.5.4 的规定。

表 3.5.4　风景名胜区总体规划图纸用地及保护分类、保护分级图例

序号	图形	文字	图形颜色
1		用地分类	
1.1		风景游赏用地	C＝46　M＝7　Y＝57
1.2		游览设施用地	C＝31　M＝85　Y＝70
1.3		居民社会用地	C＝4　M＝28　Y＝38
1.4		交通与工程用地	K＝59
1.5		林地	C＝63　M＝20　Y＝63
1.6		园地	C＝31　M＝6　Y＝47
1.7		耕地	C＝15　M＝4　Y＝36
1.8		草地	C＝45　M＝9　Y＝75
1.9		水域	C＝52　M＝16　Y＝2
1.10		滞留用地	K＝15
2		保护分类	
2.1		生态保护区	C＝52　M＝11　Y＝62
2.2		自然景观保护区	C＝33　M＝9　Y＝27
2.3		史迹保护区	C＝17　M＝42　Y＝44
2.4		风景恢复区	C＝20　M＝4　Y＝39
2.5		风景游览区	C＝42　M＝16　Y＝58
2.6		发展控制区	C＝8　M＝20
3		保护分级	
3.1		特级保护区	C＝18　M＝48　Y＝36
3.2		一级保护区	C＝16　M＝38　Y＝34
3.3		二级保护区	C＝9　M＝17　Y＝33
3.4		三级保护区	C＝7　M＝7　Y＝23

注:1　根据图面表达效果需要,可在保持色系不变的前提下,适当调整保护分类及保护分级图形颜色色调。

　　2　图形颜色由 C(青色)、M(洋红色)、Y(黄色)、K(黑色)4 种印刷油墨的色彩浓度确定;图形颜色中字母对应的数值为色彩浓度百分值,表中缺省的油墨类型的色彩浓度百分值一律为 0。

3.5.5　风景名胜区总体规划图纸景源图例应符合表3.5.5的规定。

表 3.5.5　风景名胜区总体规划图纸景源图例

序号	景源类别	图形	文字	图形大小	图形颜色
1		◉	特级景源（人文）	外圈直径为 b	
2		●	一级景源（人文）	外圈直径为 0.9b	
3	人文	◉	二级景源（人文）	外圈直径为 0.8b	C＝5　M＝99 Y＝100　K＝1
4		◉	三级景源（人文）	外圈直径为 0.7b	
5		○	四级景源（人文）	直径为 0.5b	
6		◉	特级景源（自然）	外圈直径为 b	
7		●	一级景源（自然）	外圈直径为 0.9b	
8	自然	◉	二级景源（自然）	外圈直径为 0.8b	C＝87　M＝29 Y＝100　K＝18
9		◉	三级景源（自然）	外圈直径为 0.7b	
10		○	四级景源（自然）	直径为 0.5b	

注:1　图形颜色由 C（青色）、M（洋红色）、Y（黄色）、K（黑色）4 种印刷油墨的色彩浓度确定;图形颜色中字母对应的数值为色彩浓度百分值,表中缺省的油墨类型的色彩浓度百分值一律为0。

2　b 为外圈直径,视图幅以及规划区域的大小而定。

3.5.6　风景名胜区总体规划图纸基本服务设施图例应符合表 3.5.6 的规定。

表 3.5.6　风景名胜区总体规划图纸基本服务设施图例

设施类型	图形	文字	图形颜色
服务基地		旅游服务基地/综合服务设施点（注：左图为现状设施，右图为规划设施）	C＝91　M＝67　Y＝11　K＝1
旅行	P	停车场	
		公交停靠站	
旅行		码头	C＝91　M＝67　Y＝11　K＝1
		轨道交通	
		自行车租赁点	
		出入口	
游览		导示牌	
		厕所	
		垃圾箱	
		观景休息点	
		公安设施	C＝71　M＝26　Y＝69　K＝7
		医疗设施	
		游客中心	
		票务服务	
		儿童游戏场	
饮食		餐饮设施	
住宿		住宿设施	C＝27　M＝100　Y＝100　K＝31
购物		购物设施	
管理	★	管理机构驻地	

注：图形颜色由 C（青色）、M（洋红色）、Y（黄色）、K（黑色）4 种印刷油墨的色彩浓度确定；图形颜色中字母对应的数值为色彩浓度百分值，表中缺省的油墨类型的色彩浓度百分值一律为 0。

3.5.7 图纸中城镇、行政区界及市政等专业的图例绘制应符合现行行业标准《城市规划制图标准》CJJ/T 97 中的相关规定,因特殊需要而自行增加的图例的颜色、大小、图案,在同一项目中应统一。

3.5.8 图例宜布置在每张图纸的相同位置,应排放有序。

3.6 标注

3.6.1 图纸中的定位标注应包括平面要素定位和竖向要素定位。定位要求应符合现行行业标准《城市规划制图标准》CJJ/T 97 中的有关规定。风景名胜区规划图还应提供规划区范围的经纬度定位坐标。

3.6.2 图纸中距离、长度、宽度的标注可按现行国家标准《房屋建筑制图统一标准》GB/T 50001 执行,标注单位应为米或千米。

3.7 计算机制图要求

3.7.1 计算机辅助规划制图的图层名称及颜色应符合表 3.7.1 的规定。在同一类别中当分到中类或小类时,可在大类图层编号后加注细分的类别代码。

表 3.7.1 计算机辅助规划制图的图层名称及颜色

类别名称	图层名称	颜 色
地形底图	00	应符合本标准第 2.0.4 条的规定
规划控制线及辅助线	K	应符合本标准第 3.4.2 条的规定
城市绿线	K3	
规划范围界线	K9	
风景名胜区规划分区	Q	
景区	Q1	
核心景区	Q2	
外围控制(保护)地带	Q3	
功能区	Q4	
保护区	Q5	
风景名胜区建设用地	H9	
游览设施用地	H91	应符合本标准第 3.5.4 条的规定
居民社会用地	H92	
交通与工程用地	H93	
风景名胜区非建设用地	E	
风景游赏用地	E0	
水域	E1	
林地	E21	
园地	E22	

续表

类别名称	图层名称	颜 色
地形底图	00	应符合本标准第2.0.4条的规定
耕地	E23	应符合本标准第3.5.4条的规定
草地	E24	
滞留用地	E9·	
景源及服务设施	F	
景源	F1	
服务设施	F2	
城市绿地	G	应符合本标准第3.5.3条的规定
城市各类绿地	Gn	
标注及名称	Z	C＝93　M＝88　Y＝89　K＝80
幅面标注	Z1	
题图标注	Z2	
图标标注	Z3	
图例标注	Z4	

注:1　图形颜色由C(青色)、M(洋红色)、Y(黄色)、K(黑色)4种印刷
油墨的色彩浓度确定;图形颜色中字母对应的数值为色彩浓度百分值。

2　n为现行行业标准《城市绿地分类标准》CJJ/T 85中各类绿地代码。

3.7.2　计算机制图中的图纸电子文件名称应与图纸名称一致,应按图纸序号编号。

4　风景园林设计制图

4.1　图纸版式与编排

4.1.1　方案设计图纸的基本版式和编排应符合本标准第3.1节的规定。

4.1.2　初步设计和施工图设计的图纸应绘制图签栏,图签栏的内容应包括设计单位正式全称及资质等级、项目名称、项目编号、工作阶段、图纸名称、图纸编号、制图比例、技术责任、修改记录、编绘日期等。

4.1.3　初步设计和施工图设计图纸的图签栏宜采用右侧图签栏或下侧图签栏,可按图4.1.3-1或图4.1.3-2布局图签栏内容。

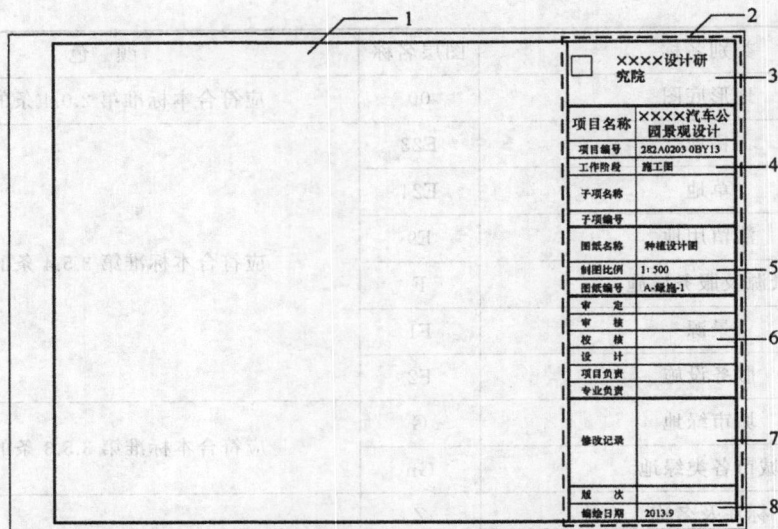

图 4.1.3-1　右侧图签栏

表格内容：
××××设计研究院
项目名称　××××汽车公园景观设计
项目编号　282A0203 0BY13
工作阶段　施工
子项名称
子项编号
图纸名称　种植设计图
制图比例　1：500
图纸编号　A-绿施-1
审　定
审　核
校　核
设　计
项目负责
专业负责
修改记录
版　次
编绘日期　2013.9

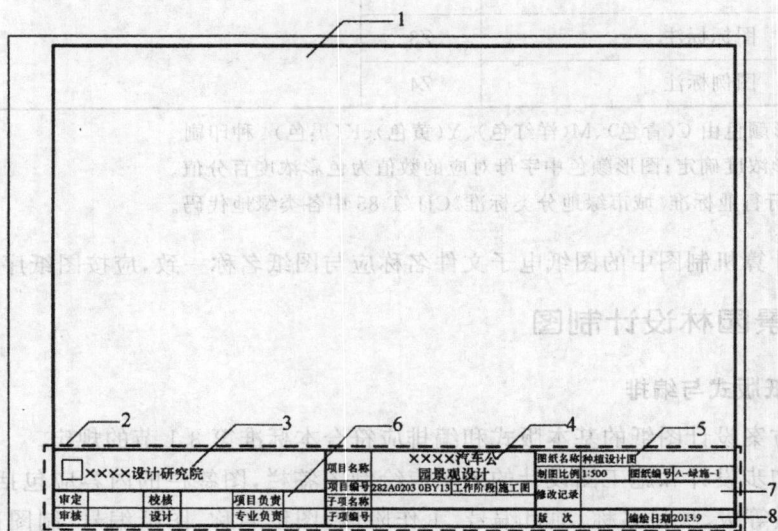

图 4.1.3-2　下侧图签栏

1—绘图区；2—图签栏；3—设计单位正式全称及资质等级；4—项目名称、项目编号、工作阶段；
5—图纸名称、图纸编号、制图比例；6—技术责任；7—修改记录；8—编绘日期

4.1.4　初步设计和施工图设计制图中，档按照规定的图纸比例一张图放不下时，应增绘分区（分幅）图，并应在其分图右上角绘制索引标示。

4.1.5　初步设计和施工图设计的图纸编排顺序应为封面、目录、设计说明和设计图纸

4.2　比例

4.2.1　方案设计图纸常用比例应符合表 4.2.1 的规定。

表 4.2.1　方案设计图纸常用比例

图纸类型	绿地规模（hm²）		
	≤50	>50	异形超大
总图类（用地范围、现状分析、总平面、竖面设计、建筑布局、园路交通设计、种植设计、综合管网设施等）	1：500、1：1000	1：1000、1：2000	以整比例表达清楚或标注比例尺
重点景区的平面图	1：200、1：500	1：200、1：500	1：200、1：500

4.2.2　初步设计和施工图设计图纸常用比例应符合表 4.2.2 的规定。

表 4.2.2　初步设计和施工图设计图纸常用比例

图纸类型	初步设计图纸常用比例	施工图设计图纸常用比例
总平面图（索引图）	1：500、1：1000、1：2000	1：200、1：500、1：1000
分区（分幅）图	—	可无比例
放线图、竖向设计图	1：500、1：1000	1：200、1：500
种植设计图	1：500、1：1000	1：200、1：500
园路铺装及部分详图索引平面图	1：200、1：500	1：100、1：200
园林设备、电气平面图	1：500、1：1000	1：200、1：500
建筑、构筑物、山石、园林小品设计图	1：50、1：100	1：50、1：100
做法详图	1：5、1：10、1：20	1：5、1：10、1：20

4.3　图线

4.3.1　设计图纸图线的线型、线宽及主要用途应符合表 4.3.1 的规定。

表 4.3.1　设计图纸图线的线型、线宽及主要用途

名称		线型	线宽	主要用途
实线	级粗		$2b$	地面剖断线
	粗		b	1)总平面图中建筑外轮廓线、水体驳岸顶线; 2)剖断线
	中粗		$0.50b$	1)构筑物、道路、边坡、围墙、挡土墙的可见轮廓线; 2)立面图的轮廓线; 3)剖面图未剖切到的可见轮廓线; 4)道路铺装、水池、挡墙、花池、坐凳、台阶、山石等高差变化较大的线; 5)尺寸起止符号
	细		$0.25b$	1)道路铺装、挡墙、花池等高差变化较小的线; 2)放线网格线、图例线、尺寸线、尺寸界线、引出线、索引符号等; 3)说明文字、标注文字等
	极细		$0.15b$	1)现状地形等高线; 2)平面、剖面中的纹样填充线; 3)同一平面不同铺装的分界线
虚线	粗		b	新建建筑物和构筑物的地下轮廓线,建筑物、构筑物的不可见轮廓线
	中粗		$0.50b$	1)局部详图外引范围线; 2)计划预留扩建的建筑物、构筑物、铁路、道路、运输设施、管线的预留用地线; 3)分幅线
	细		$0.25b$	1)设计等高线; 2)各专业制图标准中规定的线型
单点画线	粗		b	1)露天矿开采限界; 2)见各有关专业制图标准
	中		$0.50b$	1)土方填挖区零线; 2)各专业制图标准中规定的线型
	细		$0.25b$	1)分水线、中心线、对称线、定位轴线; 2)各专业制图标准中规定的线型
双点画线	粗		b	规划边界和用地红线
	中		$0.50b$	地下开采区塌落界限
	细		$0.25b$	建筑红线
折断线			$0.25b$	断开线
波浪线			$0.25b$	

注:b 为线宽宽度,视图幅的大小而定,宜用 1 mm。

4.4　图例

4.4.1　设计图纸常用图例应符合表 4.4.1 的规定。其他图例应符合现行国家标准《总图制图标准》GB/T 50103 和《房屋建筑制图统一标准》GB/T 50001 中的相关规定。

表 4.4.1　设计图纸常用图例

序号	名称	图形	说明
建筑			
1	温室建筑		依据设计绘制具体形状
等高线			
2	原有地形等高线		用细实线表达
3	设计地形等高线		施工图中等高距值与图纸比例应符合如下的规定： 图纸比例 1∶1000,等高距值 1.00 m; 图纸比例 1∶500,等高距值 0.50 m; 图纸比例 1∶200,等高距值 0.20 m
山石			
4	山石假山		根据设计绘制具体形状,人工塑山需要标注文字
5	土石假山		包括"土包石"、"石包土"及土假山,依据设计绘制具体形状
6	独立景石		依据设计绘制具体形状
水体			
7	自然水体		依据设计绘制具体形状,用于总图
8	规则水体		依据设计绘制具体形状,用于总图
9	跌水、瀑布		依据设计绘制具体形状,用于总图
10	旱涧		包括"旱溪",依据设计绘制具体形状,用于总图
11	溪涧		依据设计绘制具体形状,用于总图

续表

序号	名称	图形	说明
绿化			
12	绿化		施工图总平面图中绿地不宜标示植物,以填充及文字进行表达
常用景观小品			
13	花架		依据设计绘制具体形状,用于总图
14	座凳		用于表示座椅的安放位置,单独设计的根据设计形状绘制,文字说明
15	花台、花池		依据设计绘制具体形状,用于总图
16	雕塑	雕塑 雕塑	
17	饮水台		仅表示位置,不表示具体形态,根据实际绘制效果确定大小;也可依据设计形态表示
18	标识牌		
19	垃圾桶		

4.4.2 方案设计中的种植设计图应区分乔木(常绿、落叶)、灌木(常绿、落叶)、地被植物(草坪、花卉)。有较复杂植物种植层次或地形变化丰富的区域,应用立面或剖面图清楚地表达该区植物的形态特点。

4.4.3 初步设计和施工图设计中种植设计图的植物图例宜简洁清晰,同时应标出种植点,并应通过标注植物名称或编号区分不同种类的植物。种植设计图中乔木与灌木重叠较多时,可分别绘制乔木种植设计图、灌木种植设计图及地被种植设计图。初步设计和施工图设计图纸的植物图例应符合表 4.4.3 的规定。

表 4.4.3 初步设计和施工图设计图纸的植物图例

序号	名称	图形			图形大小
		单株		群植	
		设计	现状		
1	常绿针叶乔木				
2	常绿阔叶乔木				
3	落叶阔叶乔木				乔木单株冠幅宜按实际冠幅为 3～6 m 绘制,灌木单株冠幅宜按实际冠幅为 1.5～3 m 绘制,可根据植物合理冠幅选择大小
4	常绿针叶灌木				
5	常绿阔叶灌木				
6	落叶阔叶灌木				
7	竹类		—		单株为示意;群植范围按实际分布情况绘制,在其中示意单标图例
8	地被				按照实际范围绘制
9	绿篱				

4.5 标注

4.5.1 初步设计和施工图设计图纸的标注应符合表 4.5.1 的规定。标注大小和其余标注方法应符合现行国家标准《房屋建筑制图统一标准》GB/T 50001 中的相关规定。

表 4.5.1　初步设计和施工图设计图纸的标注

序号	名称	标注	说明
1	设计等高线	- - - 6.00 - - - - - - 5.00 - - - - - - 4.00 - - -	等高线上的标注应顺着等高线的方向,字的方向指向上坡方向。标高以米为单位,精确到小数点后第 2 位
2	设计高程 (详图)	5.000　5.490 或 0.000 (常水位)	标高以米为单位,注写到小数点后第 3 位;总图中标写到小数点后第 2 位;符号的画法见现行国家标准《房屋建筑制图统一标准》GB/T 5001
	设计高程 (总图)	◆6.30(设计高程点) °6.25(现状高程点)	标高以米为单位,在总图及绿地中注写到小数点后第 2 位;设计高程点位为圆加十字,现状高程为圆
3	排水方向	——→	指向下坡
4	坡度	$i=6.5\%$ 40.00 ——→	两点坡度 两点距离
5	挡墙	▽ 5.000 (4.630)	挡墙顶标高 (墙底标高)

4.5.2　初步设计和施工图设计中种植设计图的植物标注方式应符合下列规定:

1　单株种植的应表示出种植点,从种植点作引出线,文字应由序号、植物名称、数量组成(图 4.5.2-1);初步设计图可只标序号和树种。

2　群植的可标种植点亦可不标种植点(图 4.5.2-2),从树冠线作引出线,文字应由序号、树种、数量、株行距或每平方米株数组成,序号和苗木表中序号相对应

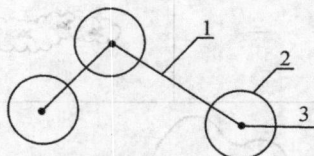

图 4.5.2-1　初步设计和施工图设计图纸中单株种植植物标注
1—种植点连线;2—种植图例;3—序号、树种和数量

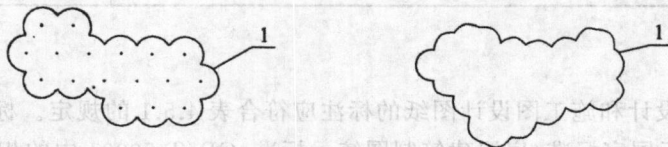

图 4.5.2-2　初步设计和施工图设计图纸中群植植物标注
1—序号、树种、数量、株行距

3　株行距单位应为米,乔灌木可保留小数点后1位;花卉等精细种植宜保留小数点后2位。

4.6　符号

4.6.1　剖切符号应符合下列规定:

1　剖视的剖切符号应由剖切位置线及剖视方向线组成,均应以粗实线绘制。

2　剖切位置线的长度宜为6~10 mm;剖视方向线应垂直于剖切位置线,长度应短于剖切位置线,宜为4~6 mm(图4.6.1-1),也可采用国际统一和常用的剖视方法(图4.6.1-2)。

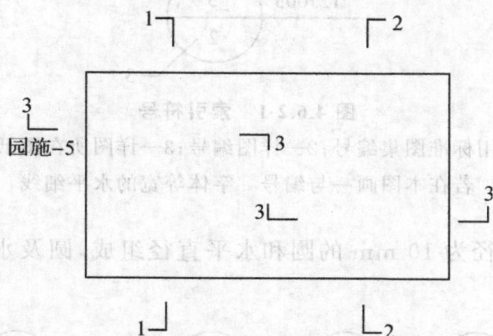

图4.6.1-1　剖视的剖切符号(一)

3　断面的剖切符号应只用剖切位置线表示,并应以粗实线绘制,长度宜为6~10 mm(图4.6.1-3)。

4　剖切符号的编号宜采用粗阿拉伯数字,按剖切顺序由左至右、由下向上连续编排,并应注写在剖视方向线的端部或一侧,编号所在的一侧应为该剖切或断面的剖视方向;需要转折的剖切位置线,应在转角的外侧加注与该符号相同的编号。

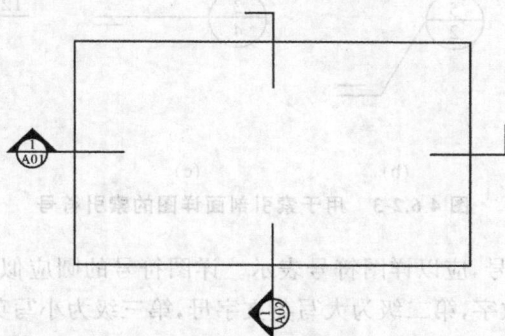

图4.6.1-2　剖视的剖切符号(二)

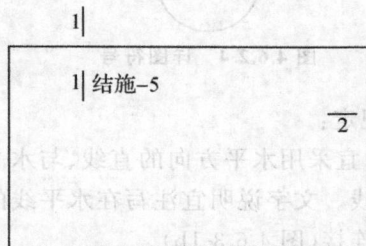

图4.6.1-3　断面的剖切符号

5 当剖面图或断面图与被剖切图样不在同一张图时,应在剖切位置线的另一侧注明其所在图纸的编号,也可以在图上集中说明。

4.6.2 索引符号与详图符号应符合下列规定:

1 图样中的某一局部或构件,如需另见详图,应以索引符号索引(图 4.6.2-1)。

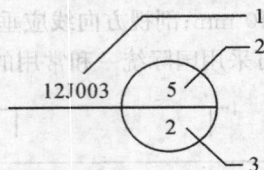

图 4.6.2-1 索引符号
1—引用标准图集编号;2—详图编号;3—详图所在图纸编号,
若在本图画一与编号 字体等宽的水平细线

2 索引符号是由直径为 10 mm 的圆和水平直径组成,圆及水平直径应以细实线绘制(图 4.6.2-2)。

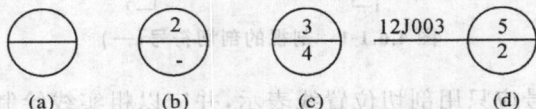

图 4.6.2-2 索引符号应用示例

3 索引符号如用于索引剖视详图,应在被剖切的部位绘制剖切位置线,并以引出线引出索引符号,引出线所在的一侧应为剖视方向(图 4.6.2-3)。

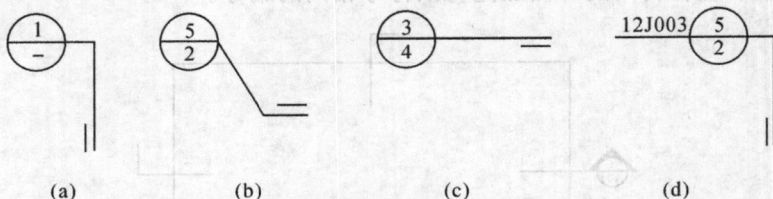

图 4.6.2-3 用于索引剖面详图的索引符号

4 详图的位置和编号,应以详图符号表示。详图符号的圆应似直径为 14 mm 粗实线绘制。编号顺序第一级为数字,第二级为大写英文字母,第三级为小写英文字母(图 4.6.2-4)。

图 4.6.2-4 详图符号

4.6.3 引出线应符合下列规定:

1 引出线应以细实线绘制,宜采用水平方向的直线、与水平方向成 30°、45°、60°、90°的直线,或经上述角度再折为水平线。文字说明宜注写在水平线的端部(图 4.6.3-1a);索引详图的引出线,应与水平直径线相连接(图 4.6.3-1b)。

图 4.6.3-1 引出线

2 多层构造共用引出线,应通过被引出的各层,并用圆点示意对应各层次。文字说明宜注写在水平线的端部,说明的顺序应由上至下,并应与被说明的层次对应一致;如层次为横向排序,则由上至下的说明顺序应与由左至右的层次对应一致(图 4.6.3-2)。

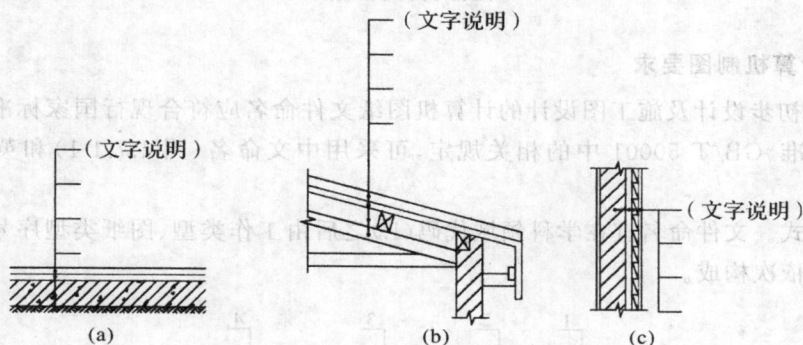

图 4.6.3-2 多层共用引出线

4.6.4 其他符号应符合下列规定:

1 对称符号由对称线和两端的两对平行线组成(图 4.6.4-1)。对称线用细单点长画线绘制;平行线用细实线绘制,其长度宜为 6~10 mm,每对的间距宜为 2~3 mm;对称线垂直平分于两对平行线,两端超出平行线宜为 2~3 mm。

2 指北针的形状应为圆形,内绘制指北针(图 4.6.4-2);圆的直径宜为 24 mm,用细实线绘制;指针尾部的宽度宜为 3 mm,指针头部应注"北"或"N"字。需用较大直径绘制指北针时,指针尾部的宽度宜为直径的 1/8。

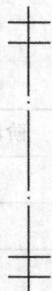

图 4.6.4-1 对称符号

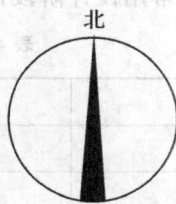

图 4.6.4-2 指北针

3 对图纸中局部变更部分宜采用云线,并宜注明修改版次(图 4.6.4-3)。

图 4.6.4-3　变更云线

注:1 为修改版次。

4.7　计算机制图要求

4.7.1　初步设计及施工图设计的计算机图纸文件命名应符合现行国家标准《房屋建筑制图统一标准》GB/T 50001 中的相关规定,可采用中文命名(图 4.7.1-1)和英文命名(图 4.7.1-2)

两种形式。文件命名宜在学科领域代码(L)之后由工作类型、图纸类型序号、用户自定义三个部分依次构成。

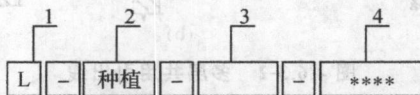

图 4.7.1-1　中文命名示例

1—学科领域代码;2—工作类型;3—图纸类型序号;4—用户自定义

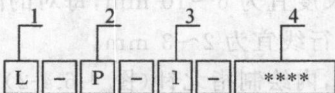

图 4.7.1-2　英文命名示例

1—学科领域代码;2—工作类型;3—图纸类型序号;4—用户自定义

4.7.2　风景园林常用设计阶段代码应符合 4.7.2 的规定。

表 4.7.2　常用设计阶段代码

设计阶段	阶段代码中文名称	阶段代码英文名称
方案设计	方	C
初步设计	初	P
施工图设计	施	W

4.7.3　计算机制图规则应符合现行国家标准《房屋建筑制图统一标准》GB/T 50001 中的相关规定。

附录 A　图纸基本内容及深度

A.1　风景园林规划图纸

A.1.1　风景园林规划图纸可分为现状图纸、规划图纸两类。

A.1.2　城市绿地系统规划主要图纸的基本内容及深度应符合表 A.1.2 的规定。

表 A.1.2　城市绿地系统规划主要图纸的基本内容及深度

序号	图纸名称	图纸表达的基本内容及深度	说明
1	城市区位关系图	城市在区域中位置、对外交通联系等	—
2	城市绿地现状图	各类城市绿地的分布现状位置与范围	包括市域大环境生态绿地现状格局
3	城市绿地结构规划图	城市绿地系统组成的结构和布局特征	—
4	城市绿地规划总图	各类城市绿地的规划布局	可按各类绿地分类绘制在总图中
5	市域绿发系统规划图	市域主要绿地的规划布局	—
6	城市绿地分类规划图	各类城市绿地的规划布局	按绿地类型分别绘制
7	近期绿地建设规划图	近期建设的城市绿地规划布局	—

A.1.3　风景名胜区总体规划主要图纸的基本内容及深度应符合 A.1.3 的规定。

表 A.1.3　风景名胜区总体规划主要图纸的基本内容及深度

序号	图纸名称	图纸表达的基本内容及深度	说明
1	综合现状图	风景资源、居民点与人口、旅游服务基地与设施、综合交通与设施、工程设施、用地状况、功能区划等	依据规划区的现状特点,可按现状要素分项制图或综合制图
2	景源评价与现状分析图	分类评价和分级评价,至少标示至三级景点	—
3	地理位置与区域分析图	风景区在全国或省、市域地理区位,区域交通分析,区域风景资源与旅游发展分析,区域生态分析等	视规划区的特点,可按分析要素分项制图或将各要素综合制图
4	风景名胜区规划总图	风景资源、旅游服务设施、综合交通设施、功能分区、生态保护与景观区划等	—
5	风景游赏规划图	主要游览景点、游览组织、游览路线、景区划分等内容	视规划区的特点,可按规划要素分项制图或综合制图

续表

序号	图纸名称	图纸表达的基本内容及深度	说明
6	旅游设施配套规划图	旅游市、旅游城、旅游镇、旅游村、旅游点服务设施系统及设施	—
7	居民社会调控规划图	按照不同的规划调控类型的居民点分布	—
8	风景保护培育规划图	按照分类保护、分级保护等划分的保护区布局、范围	—
9	道路交通规划图	对外交通、出入口、车行游览道路、步行游览道路、索道、码头、停车场等	—
10	基础工程规划图	给水、排水、电力、通信、热力、环卫等	可按不同基础工程类型分项制图或将基础工程进行综合制图
11	土地利用协调规划图	按照风景区规划 用地大类具体划分用地,部分可按中类划分用地	—
12	近期发展规划图	近期发燕尾服的风景资源、旅游服务基地与设施、综合交通与设施、功能或保护区划等	—

A.2 风景园林设计图纸

A.2.1 各类绿地方案设计的主要图纸应符合表 A.2.1 的规定。

表 A.2.1 各类绿地方案设计的主要图纸

绿地类型	图纸名称	区位图	用地范围图	现状分析图	总平面图	功能分区图	竖向设计图	园林小品设计图	园路交通设计图	种植设计图	综合管网设施图	重点景区平面图	效果图或意向图
公园绿地	综合公园	◇	△	▲	▲	▲	▲	▲	▲	▲	▲	▲	▲
	社区公园	◇	◇	▲	▲	△	▲	△	▲	▲	▲	▲	▲
	专类公园	◇	△	▲	▲	▲	▲	▲	▲	▲	▲	▲	▲
	带状公园	◇	△	△	▲	△	△	△	▲	▲	▲	▲	▲
	街旁绿地	◇	△	▲	▲	△	△	△	▲	▲	▲	△	▲
防护绿地	防护绿地	◇	◇	△	▲	—	△	△	▲	▲	▲	—	△
附属绿地	附属绿地	◇	◇	△	▲	△	△	△	▲	▲	▲	△	▲

注:"▲"为应单独出图;"△"为可单独出图纸;"◇"为可合并;"—"为不需要出图。

A.2.2 方案设计主要图纸的基本内容及深度应符合表 A.2.2 的规定。

表 A.2.2 方案设计主要图纸的基本内容及深度

序号	图纸名称	图纸表达的基本内容及深度	说明
1	区位图	绿地在城市中的位置及其与周边地区的关系	可分项做图或综合制图
2	用地范围图	绿地范围线的界定	本图也可与现状分析图合并
3	现状分析图	绿地范围内场地竖向、植被、构筑物、水体、市政设施及周边用地的现状情况分析	—
4	总平面图	(1)绿地边界及与用地毗邻的道路、建筑物、水体、绿地等; (2)方案设计的园路、广场、停车场、建筑物、构筑物、园林小品、种植、山形水系的位置、轮廓或范围;绿地出入口位置; (3)建筑物、构筑物和景点、景区的名称; (4)用地平衡表	
5	功能分区图	各功能分区的位置、名称及范围	—
6	竖向设计图	(1)绿地及周边 原地形等高线及设计等高线; (2)绿地内主要控制点高程;用地内水体的最高水位、常水位、水底标高	—
7	园路交通设计图	(1)主路、支路、小路和的路网分级布局; (2)主路、支路、小路的宽度及横断面; (3)主要及次要出入口和停车场的位置; (4)对外、对内交通服务设施的位置; (5)游览自行车道、电瓶车道和游船的路线	—
8	种植设计图	(1)常绿植物、落叶植物、地被植物及草坪的布局; (2)保留或利用的现状植物的位置或范围; (3)树种规划与说明	
9	综合管网设施图	(1)给水、排水、雨水、电气等内容的干线管网的布局方案; (2)绿地内管网与外部市政管网的对接关系	—
10	重点景区平面图	重点景区的铺装场地、绿化、园林小品和其他景观设施的详细平面布局	—
11	效果图或意向图	反映设计意图的计算机制作、手绘鸟瞰图、人视点效果图,也可采用意向照片。	—

A.2.3 初步设计和施工图设计主要图纸的基本内容及深度应符合表 A.2.3 的规定。

表 A.2.3　初步设计和施工图设计主要图纸的基本内容及深度

序号	图纸名称	初步设计	施工图设计
1	总平面图	(1)用地边界线及毗邻用地名称、位置； (2)用地内各组成要素的位置、名称、平面形态或范围，包括建筑、构筑物、道路、铺装场地、绿地、园林小品、水体等； (3)设计地形等高线	同初步设计
2	定位图/放线图	(1)用地边界坐标； (2)在总平面图上标注各工程的关键点的定位坐标和控制尺寸； (3)在总平面图上无法表示清楚的定位应在详图中标注	除初步设计所标注的内容外，还应标注： (1)放线坐标网格； (2)各工程的所有定位坐标和详细尺寸； (3)在总平面图上无法表示清楚的定位应绘制定位详图
3	竖向设计图	(1)用地毗邻场地的关键性标高点和等高线； (2)在总平面上标注道路、铺装场地、绿地的设计地形等高线和主要控制点标高； (3)在总平面图上无法表示清楚的竖向应在详图中标注； (4)土方量	除实步设计所标注的内容外，还应标注： (1)在总平面上标注所有工程控制点的标高，包括下列内容：①道路起点、变坡点、转折点和终点的设计标高、纵横坡度；②广场、停车场、运动场地的控制点设计标高、坡高和排水方向；③建筑、构筑物室内外地面控制点标高；④工程坐标网格；⑤土方平衡表； (2)屋顶绿化的土层处理，应做结构剖面
4	水体设计图	(1)水体平面； (2)水体的常水位、池底、驳岸标高； (3)驳岸形式，剖面做法节点； (4)各种水体形式的剖面	除实步设计所标注的内容外，还应标注： (1)平面放线； (2)驳岸不同做法的长度标注； (3)水体驳岸标高、等深线、最低点标高； (4)各种上岸及流水形式的剖面及做法； (5)泵坑、上水、泄水、溢水、变形缝的位置、索引及做法
5	种植设计图	(1)在总平面图上绘制设计地形等高线、现状保留植物名称、位置，尺寸按实际冠幅绘制；设计的主要植物种类、名称、位置、控制数量和株行距； (2)在总平面上无法表示清楚的种植应绘制种植分区图或详图； (3)苗木表，标注种类、规格、数量	除初步设计所标注的内容外，应标注： (1)工程坐标网格或放线尺寸；设计的所有植物的种类、名称、种植点位或株行距、群植位置、范围、数量； (2)在总平面上无法表示清楚的种植应绘制种植分区图或详图； (3)若种植比较复杂，可分别绘制乔木种植图和灌木种植图； (4)苗木表，包括：序号、中文名称、拉丁学名、苗木详细规格、数量、特殊要求等

续表

序号	图纸名称	初步设计	施工图设计
6	园路铺装设计图	(1)在总平面上绘制和标注园路和铺装场地的材料、颜色、规格、铺装纹样； (2)在总平面上无法表示清楚的应绘制铺装详图表示； (3)园路铺装主要构造做法索引及构造详图	除初步设计所标注的内容外,还应标注: (1)缘石的材料、颜色、规格,说明伸缩缝做法及间距; (2)在总平面定位图中无法表述铺装纹样和铺装材料变化时,应单独绘制铺装放线或定位图
7	园林小品设计图	(1)在总平面上绘制园林小品详图索引图； (2)园林小品详图,包括平、立、剖面图； (3)园林小品详图的平面图应标明下列内容:①承重结构的轴线、轴线编号、定位尺寸、总尺寸；②主要部件名称和材质；③重点节点的剖切线位置和编号；④图纸名称及比例； (4)园林小品详图的立面图应标明下列内容:①两端的轴线、编号及尺寸；②立面外轮廓及主要结构和的可见部分的名称及尺寸；③可见主要部位的饰面材料；④图纸名称及比例； (5)园林小品详图的剖面图应准确、清楚地标示出以或看到的地上部分的相关内容,并应标明下列内容:①承重结构的轴线、轴线编号和尺寸；②主要结构和构造部件的名称、尺寸及工艺；③小品的高度、尺寸及地面的绝对标高；④图纸名称及比例	除初步设计所标注的内容外,还应标注: (1)平面图应标明:①全部部件名称和材质；②全部节点的剖切线位置和编号； (2)立面图应标明下列是内容:①立面外轮廓及所有结构和构件的可见部分的名称及尺寸；②小品的高度和关键控制点标高的标注；③平面、剖面未能表示出来的构件的标高或尺寸； (3)剖面图应标明下列是内容:①所有结构和构造部件的名称、尺寸及工艺做法；②节点构造详图索引号

续表

序号	图纸名称	初步设计	施工图设计
8	给水排水设计图	(1)说明及主要设备列表； (2)给水、排水平面国科,应标明下列内容:①给水和排水管道的平面、主要给水排水构筑物位置、各种灌溉形式的分区范围;②与城市管道系统连接点的位置以及管径; (3)水景的管道平面图、泵坑位置图	除初步设计所标注的内容外,还应标注: (1)给水平面图应标明:①给水管道布置平面、管径标注及闸门井的位置(或坐标)编号、管段距离;②水源接入点、水表井位置;③详图索引号;④本图中乔、灌木的种植位置; (2)排水平面图应标明:①排水管径、管段长度、管底标高及坡度;②检查井位置、编号、设计地面及井底标高是;③与市政管网接口处的市政检查井的位置、标高、管径、水流方向;④详图索引号;⑤子项详图; (3)水景工程的给水排水平面布置图、管径、水泵型号、泵坑尺寸; (4)局部详图应标明:设备间平、剖面图;水池景观水循环过滤泵房;雨水收集利用设施等节点详图
9	电气照明及弱电系统设计图	(1)说明及主要电气设备表; (2)路灯、草坪灯、广播等用配电设施的平面位置图	除初步设计所标注的内容外,还应标注: (1)电气平面图应标明:①配电箱、用电点、线路和等平面位置;②配电箱编号,以及干线和分支线回路的编号、型号、规格、敷设方式、控制形式; (2)系统图应标明:照明配电系统图、动力配电系统图、弱电系统图

A.2.4　初步设计可只绘制工程重点部位详图;施工图设计应绘制工程所有节点的详图。道路绿化的初步设计可只绘制道路绿化标准段的平面图、立面图及断面图。

参考文献

[1]周维权.中国古典园林史[M].北京:中国农业出版社,2001

[2]彭一刚.中国古典园林分析[M].北京:中国建筑工业出版社,1986

[3]何小弟,仇必鳌.园林艺术教育[M].北京:人民出版社,2008

[4]杨建明,刘以鸣.平面构成:艺术设计专业基础教程[M].北京:北京理工大学出版社,2012

[5]田学哲.形态构成解析[M].北京:中国建筑工业出版社,2005

[6]田学哲,郭逊.建筑初步(第3版)[M].北京:中国建筑工业出版社,2010

[7]郭雅东.构成基础[M].北京:清华大学出版社,2010

[8]钟训正.建筑画环境表现与技法[M].北京:中国建筑工业出版社,2004

[9]王晓俊.风景园林设计(第3版)[M].南京:江苏科学技术出版社,2010

[10]彭一刚.建筑空间组合论(第3版)[M].北京:中国建筑工业出版社,2008

[11]郑炘.线之景—钢笔风景画与建筑画的表现[M].南京:东南大学出版社,2001

[12]钟训正,孙钟阳,王文卿.建筑制图[M].南京:东南大学出版社,2009

[13]孙筱祥.园林艺术及园林规划[M].北京:中国林业出版社,2011

[14]苏雪痕.植物造景[M].北京:中国林业出版社,1994

[15]麓山手绘.园林景观设计手绘表现技法[M].北京:机械工业出版社,2014

[16]严健,张源.手绘景园[M].乌鲁木齐:新疆科技卫生出版社,2003

[17]石宏义.园林设计初步[M].北京:中国林业出版社,2006

[18]周武忠.园林美学[M].北京:中国农业出版社,2011

[19]金学智.中国园林美学[M].北京:中国建筑工业出版社,2000

[20]谷康.园林设计初步[M].南京:东南大学出版社,2003

[21]田建林,杨海荣.园林设计初步[M].北京:中国建材工业出版社,2010

[22]张维妮.园林设计初步[M].北京:化学工业出版社,2010

[23]刘磊.园林设计初步[M].重庆:重庆大学出版社,2011

[24]赵建民.园林设计初步[M].北京:中国农业出版社,2007

[25]吴晓华,王水浪.园林设计初步[M].武汉:武汉理工大学出版社,2013

[26]http://www.huisj.com/绘世界网

[27]http://wenku.baidu.com/百度文库

[28]http://www.abbs.com.cn/ABBS建筑论坛

[29]http://www.yuanlin8.com/园林吧

[30]http://www.huitu.com/汇图网

[31]http://shijue.me/视觉.me

[32]http://www.redocn.com/红动中国

[33]http://www.oritive.com/creativeidea/创意设计网

[34]http://www.cxtuku.com/创想图库

[35]http://www.sc115.com/素材网

[36]http://www.tutu001.com/图图网

[37]http://16399.net/distance/showworkup.aspx/大写艺

[38]http://huaban.com/花瓣网

[39]http://www.sheencity.com/光辉城市